東京脱出論

寺本英仁×藻谷浩介

ブックマン社

田舎のネズミと都会のネズミ　～イソップ寓話より

田舎に住んでいるネズミが、都会に住んでいるネズミを田舎に招待しました。

二匹は一緒に畑へ行き、田舎のネズミは野菜を引き抜いて都会のネズミに食べさせました。

すると、都会のネズミは言いました。


「君はこんなつまらないものをよく食べられるね。僕のところへおいでよ。そうすれば珍しいものがおなかいっぱい食べられるよ」


田舎のネズミは喜んで、一緒に都会へと向かいました。

都会のネズミは田舎のネズミをとある建物に連れて行きました。

そこで、お肉やチーズなど、田舎のネズミがこれまで見たこともなかったご馳走を振る舞いました。田舎のネズミはお礼を言って、早速食べようとしました。そのときに、誰かが扉を開けて部屋に入ってきました。二匹は驚いて、身を隠すために、小さな穴を見つけて逃げ込みました。

やっと人がいなくなって、二匹が再び食事をしようとすると、また別の誰かが入って来たのです。

すると、田舎のネズミは、急いで帰り支度をしながらこう言いました。


「こんなに素晴らしいご馳走を出してもらって申し訳ないけれど、こんなに危険が多いところでは過ごせない。僕は田舎に戻って畑でできたものを食べるほうが性に合っているようだよ。あそこでなら、安全に暮らせるからね」

プロローグ

寺本英仁

2020年2月21日、町長室で町長と会話したことを、僕は鮮明に覚えている。町長からの、「寺本くん、そろそろ出張の機会を控えないといけないぞ」という言葉、その意味を十分に理解していた。

実は前日に、僕は〈A級グルメ連合〉に加盟している北海道鹿部町《しかべちょう》へ出張していた。その鹿部町の近隣の町で、なんと新型コロナウイルスの感染者が確認されたのだ。そのときが僕にとって初めてコロナウイルスを身近に感じた瞬間だったから、町長の短い言葉の意味が直《す》ぐさま理解できた。

要するに、今後、全国へ向けた出張を当面の間自粛しろ、という意味なのである。

それ以降、4月7日に国が緊急事態宣言を発令し、解除されるまでの間、僕は、一歩も島根県邑南町《おおなんちょう》を離れることはなかった。「自粛」という、ファジーな言葉で包まれた状況において、公務員である限り県境を越えることは当然できなかったが、それより、この3～4ヵ月は僕の役場人生の中でももっとも激動的で、町を離れる状態にはまったくなかったと言うほうが正しいかもしれない。

そして、4月の辞令で僕は商工観光課長に就任した。

今までは、現場担当者として活発に動きまわることができたが、今度から管理職となり、いろいろな場面で状況を見据えて判断しないといけないポジションに変わった。その瞬間から、このコロナの渦に飲み込まれていくように、町内の観光施設の営業停止や休館が相次いだ。

具体的に話すと、西日本最大級のスキー場である〈瑞穂《みずほ》ハイランド〉が倒産した。それに次いで、邑南町の春～秋のメイン観光スポットである〈香木《こうぼく》の森公園（バラ園やハーブ園がある）〉にある温泉施設〈霧の湯〉や、町で最多の宿泊者を泊めることができる〈いこいの村しまね〉などが休館してしまった。

さらに、4月7日には国の緊急事態宣言に沿った形で、邑南町も町全体に自粛要請を行ったため、ついには〈A級グルメ構想〉の中心的存在である〈道の駅瑞穂〉や、レストラン〈香夢里《かむり》〉まで休業を余儀なくされた。

僕はそれまで15年間、〈A級グルメ構想〉の発案者であり担当者として、邑南町の「食」と「農」を盛り上げてきた。その実績が少しずつ実を結び、2016年度には、NHKの人気番組『プロフェッショナル 仕事の流儀』に、地方公務員として初めて取り上げられた。その2年後、この番組に出たことがきっかけで、〈A級グルメ〉の取り組みに着目したブックマン社の小宮編集長に勧められ、邑南町の「食」と「農」で町おこしに成功した経緯を、僕の活動の紹介と交えて『ビレッジプライド「0円起業」の町をつくった公務員の物語』として出版した。

本書『東京脱出論』を手に取ってくださった皆さんは、邑南町のことも、邑南町が合併時（平成16年）から取り組んできた〈A級グルメ構想〉についても、もちろん僕のことも知らない方が多いと思うので、この場を借りてまずはお話しさせていただきたいと思う。

僕の住む邑南町は、島根県中南部、標高100〜600メートルに位置する中山間地域で、わかりやすいイメージでお伝えすると、『まんが日本昔ばなし』の風景に登場する「里山」のような雰囲気の場所である。広島県と接しており、高速道路を使うと広島駅や広島空港まで1、2時間くらいで行ける。だから、経済圏域でいうと、島根の県庁所在地である松江市ではなく、完全に広島市である。

この町は、2004年（平成16年）10月、いわゆる「平成の大合併」で、羽須美《はすみ》村・瑞穂町・石見《いわみ》町の三町村が合併して発足した。合併時の人口は約1万3000人だったが、現在約1万人、高齢化率はじわじわ上がって44・5％超という、いわゆる「過疎《かそ》」の町である。

「過疎」の説明をすると、島根県は「過疎発祥の地」と言われている。

1966年（昭和41年）、地方から都会へと人が移動した高度成長期に、国の経済審議会がまとめた「20年後の地域経済ビジョン」で、島根県匹見町《ひきみ》（現益田市）が「過疎」の例として取り上げられたからだ。

今現在はコロナ問題に話題が集中しているが、そのちょっと前までは地方創生[註1]、特に東京一極集中が大きな問題となっていた。「少子化」「人口減少」があり、それに伴う高齢化の急速な進行によって、経済活動から医療・福祉まで、社会の根幹から揺らいでいることは周知の事実で、国民の大きな関心ごとだった。

その「過疎発祥の地」つまり島根県は、全国に先駆けて50年以上前から過疎対策に取り組んでいるトップランナーなのである。そして、このコロナウイルス発生前の邑南町は、さまざまな取り組みの結果、町民自身が町の将来への希望を感じられるようになってきていた。

２０１３（平成25）年度の町民を対象としたアンケートでは、生活満足度は84・１％で、全国平均が64・１％（２０１２年内閣府調べ）なのを考えると、かなり高い。その満足度は、当時の邑南町の状況が少しずつ変わっていっていた流れに比例しているのではないかと僕は推測した。人口減少の右肩下がりが緩やかになり、子どもの割合が増えている。５年間の平均で、邑南町は合計特殊出生率[註2]が

2・0を超えている。また、Uターン・Iターン者は、2015年度で100人。島根県内の町村では突出して多かった。

そのうち特徴的なのは、20～30代の女性が26人と、女性のUターン・Iターン率が突出して高いことだ。都会の人には、「田舎は老人ばかりで、若い人、特に女性などいないだろう」と思われがちだが、近年の邑南町はまったく事情が違う。

子育て世代にあたる30歳女性のコーホート変化率（ある期間に生まれた集団の将来人口を推測する方法）を少し細かく町内の12地区で見ると、2011～16年は、8

註1　地方創生

内閣府のサイトによると、「地方創生は、東京圏への人口の過度の集中を是正し、それぞれの地域で住みよい環境を確保して、将来にわたって活力ある日本社会を維持することを目的」としているとある。さらに、人口減少を克服し、将来にわたって成長力を確保し、「活力ある日本社会」を維持するため、「稼ぐ地域をつくるとともに、安心して働けるようにする」「地方とのつながりを築き、地方への新しいひとの流れをつくる」「結婚・出産・子育ての希望をかなえる」「ひとが集う、安心して暮らすことができる魅力的な地域をつくる」という4つの基本目標と「多様な人材の活躍を推進する」「新しい時代の流れを力にする」という2つの横断的な目標に向けた政策を進めているという。

地区で増加していて、1地区では維持、減少数も5人以下と小さい。

これは、少子化・高齢化が進む日本の中で、驚くべき数字である。

一見、人口が多く繁栄しているように見える都会と比較してみると明確だ。確かに、一極集中で人口が増え、一人勝ちのように思われる首都圏では、2013〜17年まで、総人口は2%増えている。しかし、年齢別に見ると、0〜4歳人口も、5〜64歳人口も、どちらも1%減っている。

増えているのは、65歳以上で12%増、そのうち75歳以上に限れば17%増なのである。つまり、首都圏で増えているのは、退職世代に当たる高齢者である。若い世代の実数こそ多いけれども、出生率が低すぎて、子どもの数は減少している。保育所の不足や地域の手助けがないことなど子育ての環境は厳しく、出生率は減りこそすれ、上がらないという悪循環が続いているのだ。

一方、邑南町では同時期の人口は5%減だったが、0〜4歳人口は3%増えた。5〜64歳以上は9%減だが、65歳以上は増減なし、そのうち75歳以上は7%減だった。この少子化の時代に、邑南町では乳幼児が増えている。この要因は30代の夫婦のUターン・Iターン者が増えているからに他ならない。

なぜ、この島根県の山あいの町で奇跡が起きたか。

それは、僕自身が、そして町が動き出したからだ。

邑南町は、合併してからずっと人口減少が続く中、指をくわえて待つことをや

註2　**合計特殊出生率**

「15～49歳までの女性の年齢別出生率を合計したもの」で、次の2つの種類があり、1人の女性がその年齢別出生率で一生の間に生むとしたときの子どもの数に相当する。

「期間」合計特殊出生率：ある期間（1年間）の出生状況に着目したもので、その年における各年齢（15～49歳）の女性の出生率を合計したもの。女性人口の年齢構成の違いを除いた「その年の出生率」であり、年次比較、国際比較、地域比較に用いられている。

「コーホート」合計特殊出生率：ある世代の出生状況に着目したもので、同一世代生まれ（コーホート）の女性の各年齢（15～49歳）の出生率を過去から積み上げたもの。「その世代の出生率」である。

めた。若い人を呼び戻すために、魅力的な町づくりに舵《かじ》を切ったのだ。

２０１１年（平成23年）より、若者をターゲットにした２つのプロジェクトを進めてきた。

一つは〈日本一の子育て村構想〉。これを掲げ、中学卒業まで医療費無料、第２子から保育料は完全無料という施策を全国に先駆けて実施した。

そしてもう一つが、〈A級グルメ構想〉である。

この〈A級グルメ構想〉は「本当に美味しいものは地方にあって、本当に美味しいものを知っているのは地方の人間である」をコンセプトとしている。この構想は地域の良質な農産物を活かし、「食」と「農」に関わる人材を育て、移住者も観光客も呼び込み、起業・開業に繋げて、地域経済を循環させていこうという戦略だ。

地方創生において、全国の自治体がこぞって取り組んだ事業のうち、主な３つを挙げてみると、「若者定住」「観光客の増加（インバウンドを含む）」「若者の起業」だ。邑南町も例外ではなく、この３つの事業を中心に取り組んだ。そして、邑南町にとってその中核になったものが〈A級グルメ構想〉である。〈A級グルメ構想〉はもともと、人口減少の進む中、このままいけば、地域内循環経済が崩壊してしまうという危機感から、地元の食材の販路を東京に求めることから始まった。この東京での販路開拓の2つの失敗の経験が〈A級グルメ構想〉に取り組むきっかけとなっていった。

まず、最初の失敗がブルーベリージャムである。

合併当初、建設事業が縮小化される中で、町が建設事業者に異業種参入を勧めた。その中で、特にブルーベリー栽培に取り組む事業者が多かった。ブルーベリーと言えば「ジャム」と言わんばかりに、事業者はブルーベリージャムを作った。僕は、これを東京の超一流デパートに持参して、バイヤーに売り込んだのだが、どれだけこだわっているか、言葉を尽くしてバイヤーに売り込んだのだが、どれほど美味しいか、バイヤーは味を確かめるでもなく、ブルーベリージャムの瓶に貼ってあるラベルにばかり注目している。

バイヤーの第一声は「デザインがダサイですね」だった。僕は赤面した。

ラベルのデザインをしたのは、何を隠そう役場職員の僕だった。行きの新幹線の中で、僕は同行した生産者にラベルの出来栄えを自慢げに話していた。僕は、自分はそこそこセンスのいい人間だと思っている。それなのに……。バイヤーはまず、デザインをやり直すように指南してくれた。これでは東京では売れないと。邑南町に帰り、バイヤーが紹介してくれたデザイナーとアポをとり、デザインの見積もりを依頼した。

驚くべきことに、ラベル一つのデザイン費の見積もり額は、30万円を超えていた。自分が役場のパソコンを使ってラベルをデザインすれば、少々格好は悪くても無料でできるのに、プロのデザイナーに委託すると、ラベル一つに、これほど高額なデザイン費が請求されるのだと知った。しかし、ここで諦めるわけにはいかない。東京で売るということは、こういうことなんだ……。

完成した新しいラベルを貼ったジャムを持って、もう一度、生産者と東京のデパートに乗り込んだ。バイヤーは、今度もやはり試食はしてくれなかったが、デパートのジャム棚に置くことを約束してくれた。僕も生産者も、飛び上がるほど嬉しかった。これが、東京での初めての商談成功だったからである。

しかし、喜んだのもつかの間、デパートの棚に並んでから何ヵ月か経過して、生産者から役場に電話があった。「発注は最初の2週間はあったが、それ以降、まったくない」というものだった。僕は慌ててそのデパートのバイヤーに状況確認するために電話をした。するとバイヤーは、「寺本さん、ブルーベリージャムはどこの自治体のも同じ製法で作られています。デパートとしても、いろんな町の目新しいジャムを商品棚に陳列したほうが、お客様にも喜んでもらえるので、そこはご理解していただきたい」と。

つまり、ラベルに30万円もかけた我が町初の東京進出商品は、たった数週間でそのデパートから撤退、売れたのはほんの数個。それでも僕は、そのバイヤーの言葉に妙に納得してしまったが、一生懸命努力を重ねて、やっとのことで商談をまとめた生産者にとっては、深刻な問題だった。

この話を読まれて読者の方はどう思われただろうか?

これは、日本の6次産業化の大きな弱点だと僕は思う。

6次産業化とは、地方の人間が利益を増やすために、生産(1次産業)にただ留まるだけでなく、加工（2次産業）から販売（3次産業）までを担うこと。1次産業×2次産業×3次産業で6次産業化なのだが、加工や販売をするにあたり、デザイナーやデパートなど都会の事業者の協力を得ないと都市部の消費者に売ることができない。しかし、都会の協力者に支払う金額は、自分たちの売り上げを大きく上回ってしまう。結局、お金も商品も都会に奪われてしまうのだと、この経験から僕は考えた。

それでも僕は、ブルーベリーの次に今度は、町一番の特産品である石見和牛を都内の一流ホテルに売り込む戦略を立てたのだが、東京のホテルから来た発注の内容がこれまた凄《すさ》まじかった。

石見和牛は、「年間200頭、未経産の雌牛」をキャッチフレーズとしてその肉質のよさを売っていたが、そのホテルの発注内容は、ヒレ肉とサーロイン、高級部位だけを200頭分、2週間のグルメフェアで使いたいというものだった。採用されたというのに絶句した。年間200頭を売りにしているものを2週間で200頭なんて、到底用意できるわけがないし、さらに他のモモ肉やバラ肉など残った大量の部位は、生産者のほうで販売して欲しいという返事だった。泣く泣く、断るしかなかった。人口約1万人の町の生産量では、大都会東京の胃袋を賄《まかな》うのには限界があるとこのとき痛感した。

しかし、この2つの苦い経験を逆手にとり、「本当に美味しいものは地方にあって、本当に美味しいものを知っているのは地方の人間である」を合言葉に、当時流行《はや》っていたB級グルメではなく、〈A級グルメ〉で人を呼ぼうと僕は考えた。都会に食材を出せないのなら、都会の人にここに来てもらえばいい——。邑南町は、石見和牛をはじめ、キャビアや自然放牧牛の牛乳、さくらんぼなど高級食材の宝庫である。この食材を、僕が東京で見た一流レストランのシェフを呼んで邑南町で料理してもらえば、全国から客が来るのではないかと思ったのだ。

さらにイタリアやフランスではミシュランの星付きレストランは、ローマやミラノ、パリではなく、地方の田舎に存在するということを聞いていたことも僕の背中を押した。車を走らせてでも食べたい店だから、タイヤメーカーのミシュランがガイドブックを出しているのだ。日本では、東京、大阪、京都など大都市にミシュランの星付きレストランが集中している。日本の地方は今まで何をしていたのか？　それは、よい食材は地元に残さず、こぞって都会に出荷していたのだ。そして、市場で高値がつくことに誇りを持っただけではないか。

この状況を打破する戦略こそ〈A級グルメ構想〉であり、その中核的存在が2011年に立ち上げた、町立イタリアンレストラン〈AJIKURA（アジクラ）〉だ。地元の食材にこだわり抜いた〈AJIKURA〉には、ランチで1万円以上するコースもあり、当時「銀座のレストランよりも高い」と話題を呼び、多くのマスコミが駆けつけた。そして、この〈AJIKURA〉は地方創生が目指す「若者定住」、「観光客誘致」、「起業家育成」の3本柱を成功させる秘密装置として、全国から注目されることになる。

簡単に説明すると、ただの高級イタリアンレストランとして都会から観光客を呼ぶだけでなく、全国から料理人の卵を呼び、3年間邑南町に定住させ、教育し、起業させるという、3つの柱を同時に解決する装置なのだ。なんと素晴らしいアイディアだろう！　と我ながら思ったものの、先に触れたように、この地方創生3本柱に対する議会や住民の評価は当初、散々なものだった。

批判を受けて、僕はこの戦略は、まだ邑南町の住民になっていない移住者や観光客にお金を投資するもので、そこに住んでいる住民の気持ちを置き去りにしていたことに気がついた。邑南町に住んでいる住民のほとんどが、65歳を超えている（高齢化率44・5％）。マーケティング的に言うと、この人口の一番多い層に支持される政策を展開していかなくてはいけないのだ。

あくまで、主役は住民である。

そこで僕は、〈AJIKURA〉の取り組みの視点を、観光客や移住者から農家へと変えた。「邑南町の基幹産業は農業である」と、町の計画書にも書いてあるが、今や、その農業従事者のほとんどが、定年を迎えた世代なのである。僕はそれを悲観するのではなく、〈AJIKURA〉というプラットホームを通じて、彼らが丹精込めて育てた食材が都会の人間に感動を与える一皿になればどんなにいいかと考えた。

それ以降〈AJIKURA〉で、農家を主役とした、農家ライブを定期的に開催した。すると、都会から学びに来たシェフの卵たちは、直ぐさま農家をリスペクトするようになった。そして、生産者の顔も見違えるほど、生き生きしてきた。そんな生産者の姿に、若者や観光客はとんでもなく魅力を感じることだろう。

その証拠に、里山イタリアン〈AJIKURA〉は、今年（2020年）の2月に、ミシュランと双璧をなすフランスのレストランガイド本『ゴ・エ・ミヨ2020』の2トック[註3]を獲得するまでとなった。

邑南町のような地方は、昔から暮らしの中心に「食」と「農」があった。60歳になったら農業をやめて、家で老後をじっと暮らす発想なんてまったくない。田舎では、60歳になってからが本番なのである。国から地方の自治体に交付される補助金は、年々少なくなってきているものの、国は、地方にはそれなりに金を払っている。地方の銀行の預金額は、実は鰻《うなぎ》上りだ。高齢化が進むにつれて、年金額が増えているからだ。その年金が引き出されることなく、銀行に貯蓄として眠っている。地方に若者がいないから、銀行は起業や住宅への融資ができない。

なぜ、地方に若者が住もうとしないか。それは、地方に魅力がないと思い込んでいる人が多いからだ。でも、邑南町を見ていただければ、それは違うと理解してもらえるはずだ。

邑南町の高齢者は実に魅力的だ。

自らの地域資源を活用し、年間700万円以上も道の駅で郷土寿司を売る70代の女性も多くいるし、公務員を退職後、和牛の繁殖農家になり、自分の大好きな重機材を現金で買い、乗り回している70代の男性もいる。

「70代、やりがいMAX年収MAX」を実現できる町だからだ。

楽しく稼ぐ高齢者は、未来に不安を抱く若者にとっては、たまらなく魅力的である。ワクワクするのである。そんな町に住んでみたい、となるのである。

註3 **『ゴ・エ・ミヨ』の2トック**

『ゴ・エ・ミヨ』は、フランス語で、『Gault et Millau』。料理評論家のアンリ・ゴー（Henri Gault）とクリスティアン・ミヨ（Christian Millau）が1969年にスタートさせた、ミシュランと並ぶ強い影響力を持つフランス発祥のレストランガイド本。トックは、コック帽のことで、『ミシュラン』における星のこと。2トックとはつまり星2つ。

そうなれば、都会と田舎で50代からの人生にはあまりにも差ができてしまう。地方から上京し、東京の大学に入学、無事就職をし、結婚をするのが、現在は平均で30代半ばと晩婚化している。2019年の人口動態統計によれば、日本の平均初婚年齢は、男性31・2歳、女性29・6歳だ。25年前と比べて、男性、女性ともに3歳以上上がっているという。子どもが小学生になる頃には夫婦ともに40代に差し掛かり、その頃、ちょうど自宅購入を考える時期である。

全国的に空き家が増えているとはいえ、千代田区、中央区、港区、渋谷区などの都心に家を構えるのは、なかなか厳しいものがある。少し都心から離れた場所や、通勤時間1時間以上を覚悟して、神奈川や千葉、埼玉などでマンションを購入しても、駅近の新築ならば、2LDKでゆうに3000万円を超えてしまうだろう。さらに、長期固定金利住宅ローン〈フラット35〉を40歳で組んだとしたら（償還期間は35年が最長とすると）、75歳まで月額15万円ほどの償還金を返済しないといけないことになる。会社員であれば、給料が上がっていく50歳まではよしとしても、テレビドラマではないが、50歳を超えると大企業からの出向というケースも現実には多くあり、年収が激減する人も珍しくない。さらには、子どもの学費も60歳近くまでは覚悟しないといけないケースも多いだろう。

子どもが独立して、ようやく「悠々自適な年金生活」に入れるぞ……なんて考えていても、月15万円の償還金は定年後も続くわけだ。退職金で繰り上げ償還を考えていた人も、「老後に２０００万円は貯金がないと暮らせないよ」という本当だかデマだかわからない政府の情報に不安を募らせているのではないだろうか。

僕は、東京に出張に出かけると、たいていは新橋あたりのビジネスホテルに宿泊するのだが、深夜のコンビニや、警備員のアルバイトの高齢化が気になっている。どんな事情を抱えているのだろうかと、ひそかに胸が痛くなる。

深夜2時とか3時なんて邑南町のおじいちゃん、おばあちゃんは、ぐっすり寝ている時間。いや、もしかすると、もう起きていて、畑仕事の準備をしている人はいるかもしれないが……。

もちろん、生涯現役で働くことは、素晴らしい。でも子育てが終わった後になって、「働きたくて、働いている」のか、「働きたくないけど、しかたなく働いている」のか、この差は大きいと思う。後者の人たちばかりでは、地方創生など考える余裕すらないだろう。

最近邑南町では、地域の課題を改善するため、地元の人間が出資して合同会社を立ち上げ、空き店舗や空き家を改修してパン屋や蕎麦屋を開き、都会からの移住者を地域が受け入れる取り組み、いわゆる〈0円起業〉も出てきた。地域課題を自らが解決していく。これが本来の地方創生ではないだろうか。

若者が町に帰ってこないから、企業誘致をするという自治体の話をよく耳にする。しかし、邑南町のような高齢化率44・5%の町では、働き手を探すのも至難の業だ。挙句の果てに、もともと地元の人が地元で働くことで完結するはずの建設・介護・医療などの現場さえ、東京や大阪に本社のある企業が参入し、賃金を引き上げて、地元の人材を奪っていく。

僕は若者の仕事を作ること自体は、否定はしない。しかし、同じ仕事を作り出すならば、住民一人ひとりが地元の企業や組織で昨年より年間1万円多く稼ぐことにより、若者の仕事の口を作り出すほうが建設的だろう。邑南町で言えば、人口1万人×1万円で、1億円のお金を稼ぐことになる。そのお金を町内で使うと年収300万の若者の仕事を33人分(1億円÷300万)作り出すことができる。

住民自らが稼ぎ、それを町で消費することで新たな仕事を作る。

その結果が、ここ3年で800人以上の若者が邑南町に移り住んだ要因の一つなのは間違いないだろう。

今は、田舎のほうが、暮らしに誇りが持てる世の中だ。僕は「地方の誇り＝ビレッジプライド」だと考えている。

しかし2020年、春。邑南町が一つひとつ築き上げてきたビレッジプライドが、コロナウイルスの世界的な蔓延《まんえん》で一気に崩れ堕ちていった。長い年月をかけて培《つちか》ってきた、邑南町の「食」と「農」、特に、〈AJIKURA〉や〈香夢里〉をはじめとする、〈耕すシェフ〉（P136参照）たちの起業したお店は壊滅的になってきている。

こんな時代に、僕は「地方公務員」という職業に就いている。これを運命、いや天命と思い、僕はこの5ヵ月間、コロナウイルス対策に奔走した。

その中で感じたことを、藻谷浩介さんと一緒に考え、まとめたいと思い、この本を出版することを決意した。

まずは、コロナに見舞われてからの邑南町と僕の動きを記したいと思う。

2020年4月始めから、コロナウイルスが町内に持ち込まれないことが大事だ、と町の人が強く思っている雰囲気が感じ取れた。4月7日に国の緊急事態宣言が発令されてからは、特にその色は濃くなった。

感染の脅威となるものは、もちろん町の外から入ってくる。

その一番の感染源になる可能性が高いのは、邑南町では〈A級グルメのまち〉というブランドを支えてくれた、宿泊・飲食サービス事業者である。僕はまず、ここでの感染を抑えたいと思った。仮に、宿泊・飲食サービス事業者から感染者が出れば、営業の休止や風評被害も相当なものになるからである。

そこで、町民の安心と、宿泊・飲食サービス事業者の経営を守るために、感染予防対策を講じる事業者に対して20万円の補助金を出すことを考えた。しかし、その当時は国の臨時交付金も準備されておらず、新年度が始まったばかりということもあり、一般財源の予算化がされていないことから、補助金の財源がないという問題に直面した。商工観光課の担当者も頭を悩ませていたが、僕は「食」と「農」でここまで引っ張ってきた町だからこそ、全国に先駆けてこの補助事業のスキーム（構想）を組まないといけないと考えた。

そうなれば、町長、議会に直談判《じかだんぱん》するしかなかった。

4月7日に議会の委員会で説明させていただき、4月8日に専決予算で、とりあえず、全事業者60社のうち、申請事業者は25社と想定し、500万円の予算化をさせていただいた。結局、6月議会の補正で追加の予算を300万円立て、計41社にこの補助金を申請してもらった。町内事業者の約7割が申請してくれたことから、この事業の浸透が窺《うかが》える。

しかし、飲食事業は、緊急事態宣言が出てから今もお客の入りは回復していない。特に夜の営業については壊滅的である。

そんな中、商工観光課内では、課員から「地元の飲食店をなんとかしたい」という意見が出た。そこで、次に行動に出たのは、役場職員等約250人の昼食を、地元の飲食店にお弁当を配達してもらうことで賄う〈邑南町職員弁当プロジェクト〉だった。それまで、職員の多くは自宅から弁当を持参したり、自宅が近い職員は食べに帰ったりする習慣があったが、今回は商工観光課から、全職員に協力をお願いした。

この動きには町職員組合にも協力してもらい、なんと、2ヵ月の間、1日100〜150食近く注文をいただき、飲食店の支援をすることができた。毎日、いくつかの飲食店に、交互に600円という統一した価格で弁当を持ってきてもらい、職員はそこから自由に選べることから、「今まで行ったことがなかった飲食店のお弁当を食べることができて嬉しい」とか「複数のお店のお弁当を役場にいて選べるのは楽しい」など、概ね好評だった。

このプロジェクトで、従来の売り上げには到底達するものではなかったが、飲食店の方々も役場職員の熱意を感じてくれたと思う。

さらに、この役場内での〈弁当プロジェクト〉は町内の病院や社会福祉協議会など他の事業所にもすぐに浸透し、〈A級グルメのまち〉邑南町の飲食店を町民全体で支える動きになっていった。

唯一、個人的に残念だったことは、お弁当が美味しくて、僕のズボンのベルトを緩めないといけなくなったことだ。

次に僕たちがやらねばならないと思ったのは、宿泊業や飲食業にかかわらず、国の持続化給付金の対象にはならなかったが、売り上げが前年の同月と比較すると20〜50%未満減少した町内の中小企業に対して、一律20万円の給付金を支給することだ。

国の持続化給付金は、法人200万円、個人事業主100万円を、売り上げが前年同月と比較して50%以上落ち込んだ事業者に対して支給するものだが、僕が考えるに、5割も売り上げが減少するということは、もう、倒産寸前ではないかと考えたからだ。町の事業者からも、普段10%でも売り上げが落ちると、経営は非常に厳しいと聞いていたので、僕たち商工観光課としては、邑南町の大半の事業者の売り上げは減少していると思ったが、まさか対前年比50%までは減少しないと踏んで、この事業を組んだのだ。

しかし、この補助事業に対しての執行率は10%に留まっている（2020年8月末時点）。周知不足なのか、ほとんどの事業者が5割以上の減少に到達してしまったため、国の持続化給付金のほうで申請したのかは、8月時点では判断ができなかった。その後、アンケートや聞き取りを通じて、町内の経済状況を把握し、11月の臨時議会で、残りの約4000万円の事業費を取り下げ、ほぼ同額の予算を再び同じ議会で計上した。そして町内の買い物を促進するために、非接触でのプリペイド式ICカードに切り替えた。そんなことができるのも、人口1万人の町ならではないかと思う。

そして、極め付けに手を打ったのは商品券だ。

全邑南町民を対象に、一人あたり1万5000円の、町内の商店でのみ使える商品券「もらって幸せ　おおなん商品券」を、8月のお盆前に配布した。これは、島根県内の市町村では最大級の経済対策となり、総額1億6000万円にも上った。僕はこの商品券を絶対にやりたかった。

平常時なら「バラマキ」と批判されるかもしれないが、この時期だからこそ、わかりにくい補助事業を設計するより、わかりやすい効果が必要だと思ったからだ。先に述べた「1万円理論」に通じる手法だ。

7月22日に臨時議会で承認をいただき、そこから、商品券の印刷、取り扱い事業者の募集、販促物の印刷とかなり突貫作業ではあったが、なんとか手渡しで8月11日・12日に配布を実施した。お盆前に商品券を配布できるかできないかが重要だった。町民や事業者のことを考えると、是が非でもその期日までにやりたかったのだ。

休日や夜遅くまで、時間を惜しまず作業をしてくれた商工観光課の職員と、当日受け取りに来てくれた約7割もの町民の方々の協力があったからできた事業だと感じた。もちろん、受け取りに来られなかった町民全員には、後日自宅に郵送させてもらった。

この商品券事業を契機に、飲食店も動き出した。

今まで、各飲食店が独自に取り組みを行って〈A級グルメのまち〉を作り上げてきたが、この商品券では、小売業に使用が集中してしまうため、飲食店17店舗が〈ワンサービス企画〉と銘打って、支払いのときに商品券を使用してもらったお客さまに一品をサービスするというものである。この流れから、〈A級グルメ宣言店〉の基準を設け、それを実行している飲食店には宣言書を店内に掲げてもらった。それらを支援してくれたのは役場ではなく、邑南町内にある一般社団法人地域商社ビレッジプライド邑南の存在が大きい。ここの岡田圭介常務が邑南町の飲食店を一軒一軒回り、丁寧に説明して20店舗を取りまとめた。

行政主体だった取り組みが、このコロナウイルス問題で、徐々にではあるが民間の力の結束に繋がってきたことは、不幸中の幸いである。

これからは、消費に以前ほどの幸せは感じない時代が来るという。それよりも、働くことによって、自分の存在価値を示し、「ビレッジプライド」を自分の心の中に醸成していく時代に変化していっていると感じる。

まだまだ続くコロナ問題……。これは、WITHコロナの時代到来と言ってもいいだろう。

人々の暮らしも大きく変化していくだろう。

今はまだ、感染者を巡り、犯人探しのような報道を耳にする。それがWITHコロナの人間関係の象徴なのだとは、僕は考えたくない。人は人と繋がっていないと、生きていても楽しくない。その本質を人類は忘れているのではないだろうかと感じてしまうことも少なくない。

今こそ、人と人との交流や物流を支えるための「社会資本力」が必要な時期だと思う。

地方には都市部にはない繋がりが従来から残されている。

この繋がりこそ、尊い地方の財産だと思う。

そして、今、東京（その他の大都会の人も）の生活に少しでも疑問を持っている方は、違う立場から地方創生を一緒に取り組んでいる、尊敬する藻谷さんと僕の対談を読んでいただき、「繋がる」ことに興味を持ってもらいたいと切に願う。

於保知（おほち）盆地展望台から見た邑南町

2018年11月、〈にっぽんA級（永久）グルメのまち連合〉が発足。写真左から：島根県西ノ島町長の升谷健氏、宮崎県都農町長の河野正和氏、島根県邑南町長の石橋良治氏、福井県小浜市長の松崎晃治氏、北海道鹿部町長の盛田昌彦氏

〈耕すシェフ〉に挑戦する若者たち

『ゴ・エ・ミヨ 2020』で２トックを獲得した里山イタリアン〈AJIKURA〉は、歴史ある蔵を改造した建物。もちろん、邑南町の自慢である石見和牛が食べられる。

一般社団法人地域商社ビレッジプライド邑南が運営する、レストラン〈香夢里〉では、町のシンボルである広大なハーブガーデン〈香木の森公園〉を見下ろしながら食事ができる。

東京脱出論　目次

第3章 「東京にしかないもの」とは何ですか？

第4章　リミットは50代！　東京を脱出するために

本書は、２０２０年５月２日、Zoomにて収録。
その後の情勢の変化に合わせ、一部情報を追加修正し、編集したものです。

「厚生労働白書」（2020 年版）によると、平成元年の 1989 年から、高齢化がピークに近づく 2040 年までの約 50 年間で、高齢者数は人口の 12.1％の 1489 万人から 35.3％を占める 3921 万人に増加。出生数は 125 万人から 74 万人になり 40.8％の減少。未婚の高齢者も増えると予測。日常で頼れる人がいないと答えた高齢者は 2015 年に 160 万世帯。2040 年には 230 万世帯になると推計している。

第1章

コロナ禍で見えてきた、「都市」対「地方」

都道府県で考えると、間違える

寺本　藻谷さん、今日はいろいろ教えてください。よろしくお願いします。まず、今、僕が何に葛藤しているかについてお話しさせてください。

僕が生まれ、今も住み続けている島根県邑南町《おおなんちょう》は、2004年秋のいわゆる「平成の大合併」で誕生したものです。人口約1万人、高齢化率44・5％の過疎化が進む田舎町を立て直すため、僕は町役場の公務員として、これまであらゆる手段を使って、移住者を増やすために頑張ってきました。その甲斐《かい》あって、かなり移住者が増え、少しずつ邑南町は若返って活気のある町に変貌していっています。

しかし、コロナ禍が起きたことにより、今度は、「県外の人は来ないでください」とお願いする立場になった。来てはダメだと。一方、東京に住んでいる知り合いからは、「コロナで疲れたから東京を脱出したい」「東京にいると感染リスクが高まるから、邑南町に引っ越したいけれどどうすればいいか」という相談を受けるようになりました。今まで、田舎暮らしにほとんど興味のなかった人までそう言います。……これから一体、僕はどういうスタンスを取るべきか。非常に悩んでいます。

藻谷

まず最初に確認しておきましょう。本書のタイトルである『東京脱出論』、これは、出版社のほうから提案された本書のタイトルです。わかりやすいタイトルにしたいということで、私も了解しました。しかし本書では、東京だけでなく、札幌、仙台、名古屋、京都、岡山、広島、博多——その他、どの都市に住む人でも参考になる話をしていきたいと思います。東京や大阪の人の多くは、「東京」対「地方」、「大阪」対「地方」という図式がこの国にはあるように感じているかもしれません。しかし、「地方」というのは大変あやふやな分類で、誰が話すかによって違うのです。

寺本さんが今、邑南町の町民の感染リスクをどこから守っているかといえば、東京や大阪ではないですよね。邑南町から一番近い百万人都市の、広島から人が入って来ないようにしなくてはならないはずです。とはいえ

都道府県別にみた人口 10 万対病院病床数

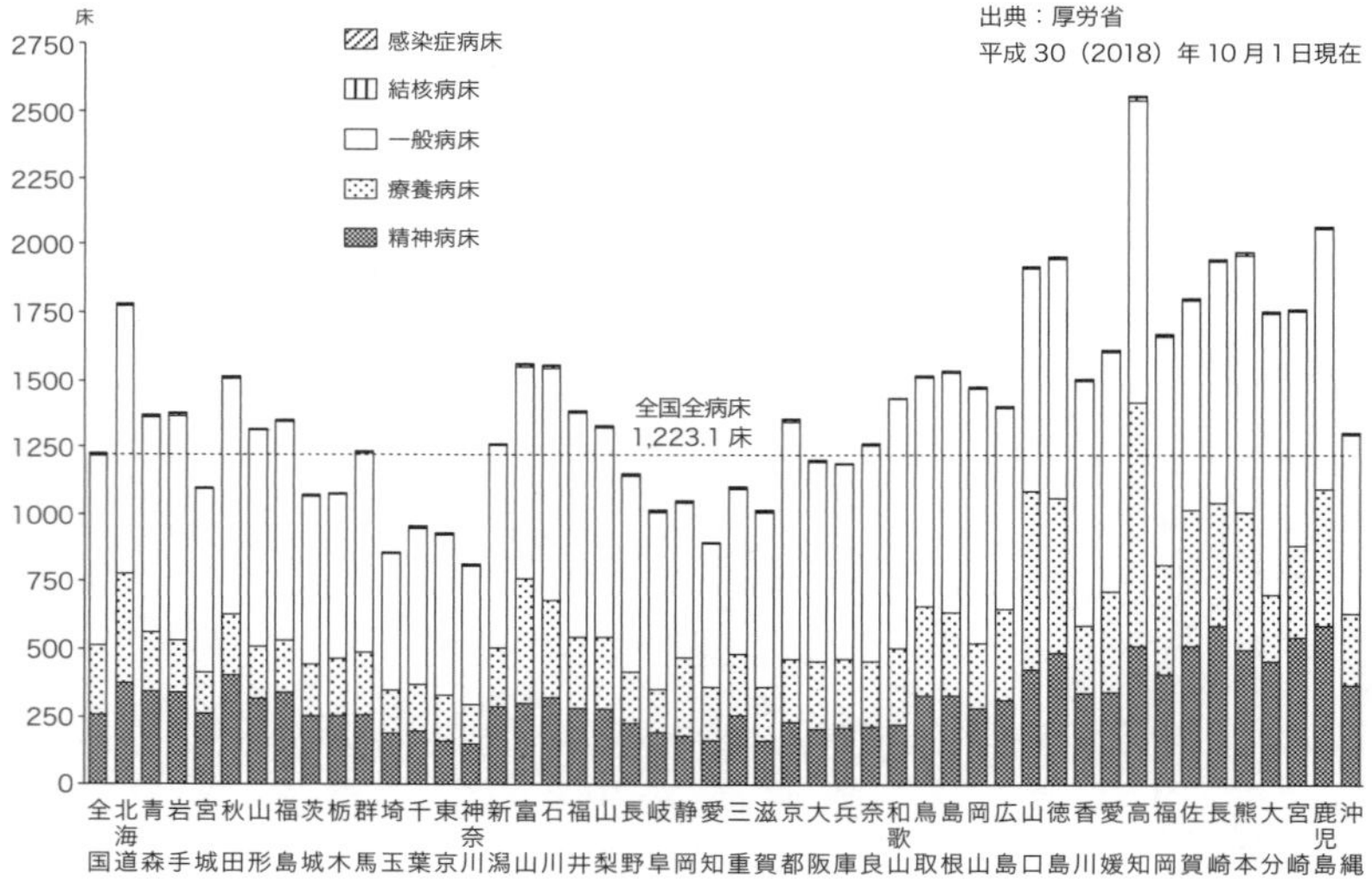

広島での感染拡大は、全国に先んじてもう落ち着いているので、これから警戒の対象はより遠くの大阪や東京に移っていくでしょうけれども。

寺本

そうなんです。今、僕たちが一番頭を悩ませているのは、邑南町内に、町外の、いや、県外の人が来ないようにするためにどうすればいいのかということなのです。

それはひとえに、医療崩壊を避けるためです。

邑南町のような地方の町は、やはり病院の数が少ない、医療者の数が少ない、しかし高齢者は多いということで、医療崩壊のリスクが都市部よりも高いんです。それだけを恐れているのですが、テレビを見ていると、都市部の感染者の数や死亡者の数ばかりを、毎日、「東京では○人増えた」「大阪ではクラスター発生」などとやっている。すると、恐怖感だけがどんどん大きくなって、都市の人間の存在そのものに怯《おび》える人も出てくるわけです。ワイドショーなどのテレビ番組がそう煽《あお》るので……。

でもそれって、僕が今までしてきた町おこしの仕事から考えると、まるで「手のひら返し」みたいなことをしているんじゃないかと。良心の呵責《かしゃく》に苛《さいな》まれるというか、自分で自分が今までやってきたことを否定しているような気持ちになるのです。

藻谷とはいえ、人の多い都会は、お客さんとなるべき人も多いけれども、今はウイルスも多いわけで、田舎も手のひら返しをせざるを得ません。感染者もゼロ、死者数もゼロの邑南町を守らないわけにはいかないのです。まずは、すぐそこにある広島から人が来ないようにしなくては。でもそれって、東京の人から見たら「地方」対「地方」という図式ですよね。「地方」対「地方」にも、邑南町対広島以外にもいろいろあります。京阪神と広島に挟まれた岡山県は、岡山市も政令指定都市ですし、邑南町に比べたらはるかに都会です。でもコロナウイルス感染者は、京阪神や広島に比べても非常に少ないままです。

そんな中で、岡山県は、東隣の兵庫県から来る車を止めて「県境検温」をやりましたね。岡山県知事も、4月24日の記者会見で、「(岡山に)来たことを後悔するようになればいい」とまで言ってしまって話題になりましたが、県民の健康を預かる立場からすれば、その時点の正直な気持ちがそうだったのでしょう。岡山ではまだ誰も死んでいないのに、何十人も死んでいる京阪神地区から観光に来ないでくれ！　と思いますよね。でもこれも、東京から見たら、「地方」対「地方」のお話なのですよ。

寺本　岡山県知事の気持ちはよくわかります。でも確かに、こういう応酬は、東京や大阪の人から見たら、地方に住む者同士で一体何をやっているんだろうなあ、どっちも我々に比べたら長閑《のどか》なものじゃないか……という感じに映るのかもしれませんね。

藻谷　実際のところ、新型コロナの死者のざっと３人に１人は東京都民です（２０２１年１月下旬現在は６人に１人）。邑南町は死者以前に感染者自体がゼロ。島根県全体でも、東京に比べれば感染者などいないようなものです（２０２１年１月下旬現在、島根県の人口あたり陽性判明者数累計は東京都の17分の１と、極めて少ないまま）。

その東京にしても、感染者が多い新宿区や港区と、少なめの足立区や江戸川区とでは、住んでいて感染する確率は何倍も違います。人口あたりに直しますと、港区などのお金持ちの多い区のほうが、足立区など庶民の暮らす区より、ずっと感染者が多いのです。海外では貧困層のほうが直撃を受けていると言われますが、そこが真逆なのがいかにも日本です。多摩地区に行けばさらに足立区の半分くらいに下がりまして、神奈川県や埼玉県はさらにその3分の2くらいになります（2021年1月下旬現在の人口あたり陽性判明者数累計は、港区：足立区：多摩地域が概ね4：2：1で、対談時と同じ状況。多摩地域：神奈川県：埼玉県は9：10：8）。

つまりウイルスは、人口の密集度が高いほど繁栄していますが、そこに県境は関係ないわけです。「地方」と「都会」なんていう、もっとアバウトな区分となれば、ますます関係がない。都会の中にも、そして地方の中にも、とても大きな違いがあるのです。

北海道もコロナの感染が深刻だという印象がありますが、札幌や小樽、千歳の数字がよくないだけで、函館や旭川、釧路、帯広などでは、感染者はごく少ない状況です（２０２０年11月以降に札幌以外の主要都市でも感染が拡大したが、２０２１年1月下旬現在の人口あたりでは、いずれも札幌の2～4割程度）。本来なら４つくらいの県に分かれていてもおかしくないところが、北海道という大きな括《くく》りになっているばかりに、全部の学校が閉鎖されてしまった。コロナの実態を考えずに、都道府県単位でものを考えているゆえの問題です。

ですが東京の人は、いや、テレビばかり見ていて現場に行かない人は皆そうかもしれませんが、日本の物事や文化は都道府県で分かれていると思っているようです。たとえば、『秘密のケンミンＳＨＯＷ』みたいなテレビ番組がありますよね？　あの番組が象徴するように、日本は県境で分かれた塗り絵みたいに、47枚のブロックの組み合わせでできていると、なんとなく思っている人がいる。

しかし、今の県は明治時代にいろいろ変更の末に決まったもので、それ以前に１０００年以上続いていた旧国（武蔵国《むさしのくに》、相模国《さがみのくに》など）のほうが、意外に今でも実態を伴っています。

たとえば、邑南町は旧国では石見国《いわみのくに》なので、同じ島根県でも県庁所在地の松江のある出雲国《いずものくに》とは、言葉も気風もまったく違います。出雲は言葉が東北弁に似ていて、自己主張をせず、チームワーク重視です。

それに対して石見と安芸《あき》（広島市周辺）と周防《すおう》（山口県東部）は言葉も広義の広島弁ですし、ものもはっきり言うし、住民はあまり群れずに自分の商売を頑張る傾向があります。だから邑南町民は、松江には親近感を感じないのに、広島には親近感を感じますよね。羽田空港から邑南町に行くにも、出雲空港よりも広島空港で降りて車を借りたほうが早いし安いですよね。逆に広島市の西のほうに住んでいる人には、周防にある岩国空港（山口県岩国市）を使う人も多い。

寺本　確かにそうですね。邑南町民は、高校から広島の学校に行く子が多いですし、広島カープファンも多いです。松江よりも、広島の学校のほうに関心が向いています。だから、『秘密のケンミンSHOW』などの番組で島根の情報をやっていても、知らないことも結構ありますね。そんな郷土料理があったのか……という感じで。

藻谷

東京しか知らない人が番組を作るので、島根県といっても旧出雲国と旧石見国と、それに離島の旧隠岐国《おきのくに》では、それこそ東京と新潟くらい違う面もあるとわかっていない、というか理解しようとしないのでしょう。

その東京都に関しても、メインは旧武蔵国の南部なのですが、隅田川から東はもともと旧下総国《しもうさのくに》でした。隅田川を渡って武蔵国と下総国を繋ぐ橋が両国橋です。そして今でも、隅田川から東は下町、西は山手で、気風がぜんぜん違います。また武蔵国は、北の4分の3ほどが埼玉県、南の4分の1ほどが東京都、一番南の一部が川崎市など神奈川県に分けられてしまったのですが、その実、川崎は今でも、神奈川県というよりは東京都の一部という感じですよね。東京都内には氷川《ひかわ》神社[註1]という神社が多く、私が家を借りている町内の氏神も氷川神社ですが、その本社はさいたま市の大宮《おおみや》にあります。大宮という地名は、出雲国の大社と対になるもので、祭神はどちらも大国主命《おおくにぬしのみこと》註2なんですね。東日本では一番古くて偉い神様です。

ついついつまらぬうんちくを話してしまいました。ですが、このように複雑な歴史を持つ日本では、「都会」対「地方」だとか、「東京都」対「埼玉県」というような、最近できたような二分法には引っかからないほうがいいのです。どこの誰が話すのかによって、地域区分は変わります。邑南町民にとっては、「邑南という過疎地」対「ライバル？　になる周辺の過疎地」対「広島とその先の、もっと人の多い地域」というのが、腑《ふ》に落ちる区分ではないでしょうか。

寺本　僕も、まさにそういう枠組みで、ライバルに負けないように、その先の地域とうまく繋がるように、いつも考えていますね。

日本はどこも医療崩壊はしていない

藻谷　さて、そういう過疎地にとって、今のコロナ問題はどういう問題なのでしょうか。都会と同じなのでしょうか。

今私が思い出すのは、新型インフルエンザ[註3]が流行した２００９年の状況です。インフルエンザの騒ぎが収まりかけた頃から、テレビがまったく取り上げなくなりました。結局、あれだけ大騒ぎしたのはなんだったのか、

註１　**氷川神社**　東京や埼玉に多く点在している氷川神社の総称で、さいたま市大宮にある氷川神社を総本社としている。須佐之男命（すさのおのみこと）、稲田姫命（いなだひめのみこと）、大己貴命（おおなむちのみこと）の３柱を祀っている。多くの氷川神社で大国主命も祀っている。

註２　**大国主命**
須佐之男命（すさのおのみこと）の六世の孫に当たる神様。日本を創った神とされる。

註３　**新型インフルエンザ**
２００９年の4月、メキシコで発生した原因不明の呼吸器感染症の集団感染が報告され、わずか9週間で世界保健機関（ＷＨＯ）のすべての地域に感染が拡大した。翌年には世界の２１４の国と地域で感染が確認され、１万８０００人以上が死亡した。特徴としては、罹患率がもっとも高いのは10代後半から若年成人であること、入院率がもっとも高いのは5歳以下の小児であること、死亡率がもっとも高いのは50～60代であることなど。便宜上「新型インフルエンザ」と呼んでいるが、２０１１年より、行政的用語としての「新型インフルエンザ」は解消され、「季節性インフルエンザ」に移行したことが厚労大臣より宣言された。

実態がわからないばかりか、その後、私が講演会などで、「新型インフルエンザのときには〜」とお話をしても、まったく反応がないのですよ。それで、「２００９年の新型インフルエンザのことを覚えている人はいますか」と会場で手を挙げてもらうと、挙手する人はどの地域でやっても、３〜４割です。

厚生労働省のホームページで確認すると、あのときは結局、日本人の６人に１人にもあたる２０００万人以上が新型インフルエンザに罹《かか》ったそうです。しかし死者は２０００人でした。昨今の日本では、インフルエンザで亡くなる方は毎年３０００人以上、それがきっかけで他の病気を併発して亡くなる方は１万人もいるので、２００９年の「新型」は、インフルエンザとしては異例に人命被害が少なかったわけです。

まさに「大山鳴動《たいざんめいどう》してネズミ一匹[註4]」ですが、そんなことのあった２００９年の記事をネット検索してみると、秋くらいから急に誰も新型インフルエンザのことを語らなくなっている。きっとその頃からテレビが騒がなくなったのでしょう。群衆が騒いでいるから、「この機会に視聴率を稼ごう」と番組を増やす。群衆も、テレビに煽られてますます騒ぐ。これはつまり相互に「循環参照」[註5]が起きているのですが、皆が騒ぎ疲れて視聴率が落ちていくと番組も減り、いつのまにか尻切れトンボで祭りが終わる。

今回の新型コロナ騒動も同じで、今がテレビと群集の「循環参照」の真っ最中です。感染者ゼロの邑南町民も、感染者急増の東京都心のタワマン地帯の住民以上に心配している。ですが、本当の問題は何でしょうか。

緊急事態宣言まで出さねばならなかった理由は、今、寺本さんが言った通り、「医療崩壊を防ぐ」以外に何もないのです。それ以外に問題はあり

註４ **「大山鳴動してネズミ一匹」**
大山は泰山とも書く。前触ればかりが大きくて、実際の結果は非常に小さいことのたとえ。ラテン語のことわざを起源としているという。

註５　**循環参照**
情報や物体などが、「相互に参照しろ」と言い合ってループ状になり、答えが出ない状態のこと。「ここを参照しろ」と言われた先には「別を参照しろ」と指示があり、いつまでたってもゴールに辿り着けない。

ません。「問題ないって、人が大勢死んでいるじゃないか」と騒ぐ人、テレビに映るイタリアかなんかの映像を見て、なんとなくそれが日本で起きていることだと勘違いしていませんか。実際に人口あたりの死者が多いのはイタリアやスペインではなくてベルギーですが、ベルギーでは医療崩壊が起きていないのでテレビで報道されません。そうなると日本人は誰も気づかない。

過疎地の人は、病院がないから医療崩壊を恐れている。それを防ごうと必死に県外の人を入れないようにしています。しかし新型コロナでは、東京や大阪はピンチになりましたが、過疎地での医療崩壊の事例は1件もありません。今後も崩壊しないまま終わるでしょう。

寺本

そうなんです。それが不思議でした。東京や大阪にはあれほど大病院がたくさんあるのに……。過疎地のほうが医療崩壊のリスクはありそうなのに、なぜ崩壊しないまま終わると思うのですか?

藻谷　医療崩壊というのは、院内感染が起きて、医療従事者までもがどんどん倒れていく事態です。これを防ぐ方法というのは、感染者のざっくり2割程度しか重症化しない新型コロナの場合には簡単で、他人にあまり触れないところに残り8割の無症状者や軽症者を隔離《かくり》すればいいのです。しかし、人が密集した都会には、彼らを隔離する「場所」がなかった。

寺本　なるほど。都会には、逃げ場がないということですか。災害時と同じ考え方ですね。しかもマンション暮らしの人が多いから、クラスターのリスクも高いと。

藻谷　だけど過疎地にはある。たとえば本当に緊急事態になった際には、廃校になった校舎だとか休業中の公共の宿だとかにベッドを並べて、軽症者だけ入れて、そこで食事や仕出しをする。邑南町の病院にＩＣＵ[註6]が1床しかないとして、重症者が2名出たとしても、石見ではどこもかしこも感染者が出ている状況ではないので、郡内とか近隣の町と連携することができま

同じ日本国内でこれだけ違う感染状況

新型コロナウイルス陽性判明者数の累計

2021年1月20日現在

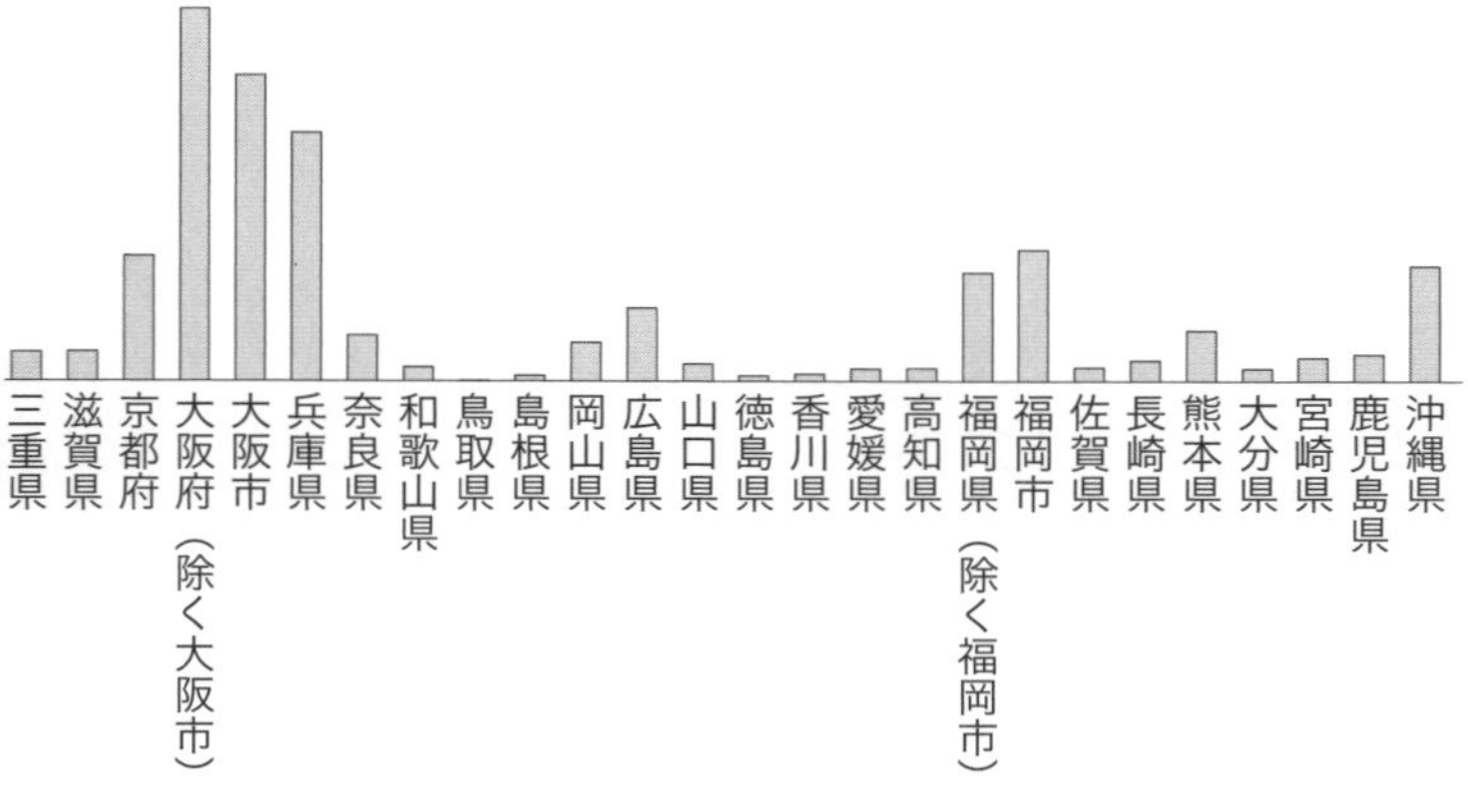

作成：藻谷浩介

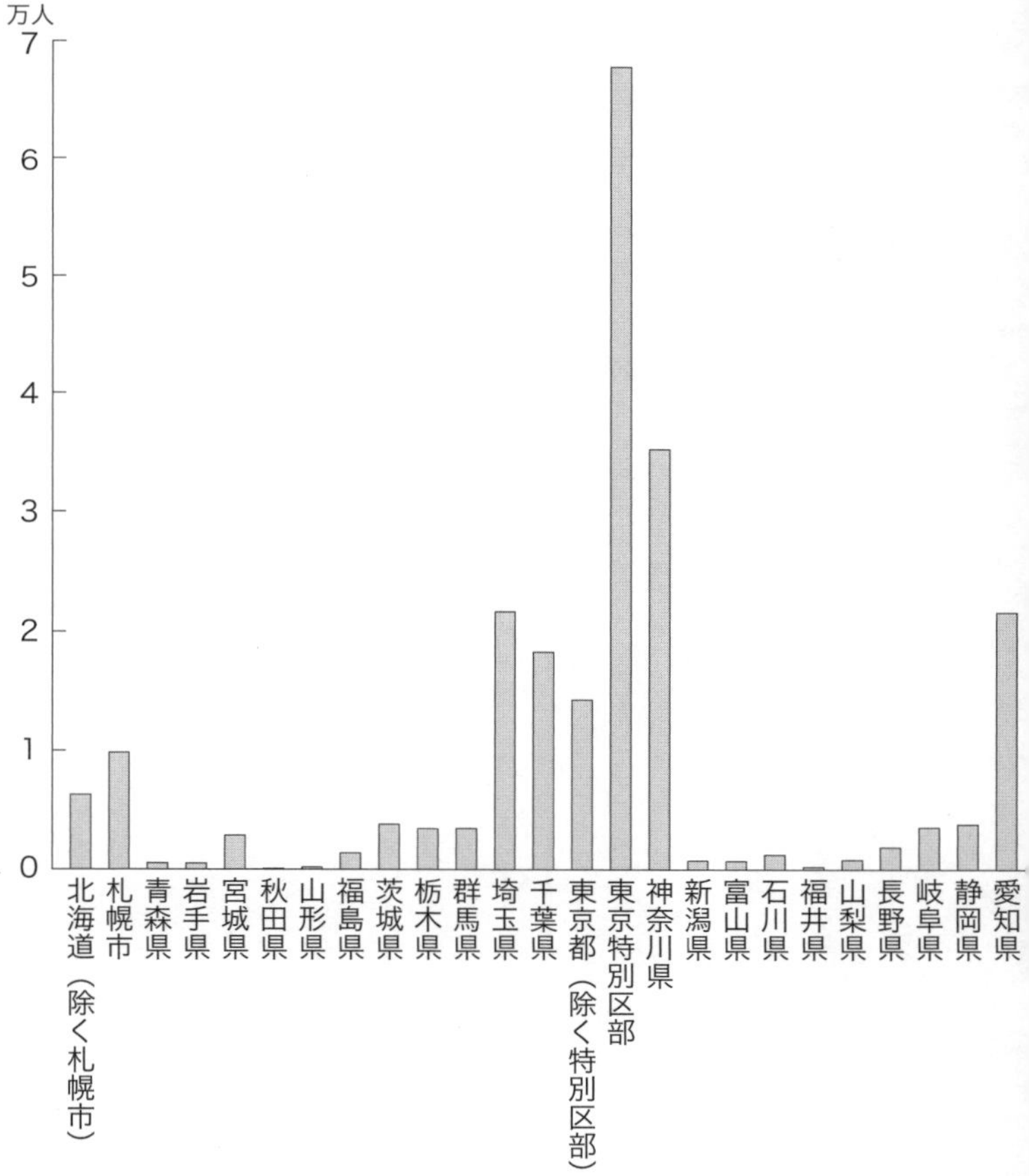

陽性判明者数：JX通信社調べ（札幌市・東京都・大阪市・福岡市のデータは自治体ホームページ）

す。しかし、感染者が急増中の大都市ではそれができない。ようやく軽症者用にホテルの借り上げを始めたことで、事態が改善し始めましたが、しかし対応が遅いですよね。日頃からの顔の見える付き合い、頼める関係作りが、都会では望みようがないからです。邑南町では、病院の院長先生が頼みに行けば、嫌だと断れる人はいません。

寺本　医療崩壊と言いながら、先ほどもお話しになった通り、日本の新型コロナにおける死者数は、都会を入れてもとても少ないですよね。

藻谷　日本の死者が、欧米に比べて著しく少ないことははっきりしています。というか、欧米が多すぎるのです。

日本は死者を見逃しているとか、誤魔化しているなどと言う人もいるけれど、そんなことはできません。見逃していたら、医療関係者自身に感染しかねないのです。ですから日本を含む先進国では、肺炎の人が担ぎ込まれたら必ずＣＴスキャンをします。新型コロナの重症者の場合には、肺に不自然な白い影が出ますので、ＰＣＲ検査に持ち込む。このやり方だと、無症状者や軽症者には見逃しが多く出るでしょうけれども、重症者とその先の死者は見逃されません。ですから私は、見逃しが多くあるであろう感染者数ではなく、見逃しの少ないであろう死者数[註7]を分析しています。

マスコミが優秀だと報道しているドイツとかイスラエルとか、人口１００万人あたりの死亡者数のグラフを見ると一目瞭然ですが、それほど優秀じゃありません。ロックダウンせずに集団免疫を達成しようとしているというスウェーデンでは、日本の70倍以上の水準で死者が出ているのに（対

註６　**ＩＣＵ**
厚労省の調査によれば、全国に集中治療室（ＩＣＵ）及びハイケアユニット（ＨＣＵ）は１２２５室。集中治療専門医は１７３２名いるとされているが、専門医は東京、大阪、神奈川、愛知、千葉の５都道府県で40％を占めており、地域間での医療の質の格差が問題になっている。

註７　**見逃しの少ないであろう死者数**
その後発表された厚生労働省の人口動態速報によれば、新型コロナ流行後に欧米では多く報告されている超過死亡が、３月、４月の日本には見られなかった。超過死亡とは、例年に比べ統計的に有意に死亡者が多い状態のこと。

談時点で76倍、2021年1月下旬には28倍)、医療崩壊していません。ベルギーでも日本の200倍近く亡くなっているのに(対談時点で194倍、2021年1月下旬には47倍)、医療崩壊していません。

今回封じ込めに成功したのは、死者がゼロのベトナム、6人の台湾です(2021年1月下旬現在、ベトナムは35人、台湾は9人)。あと、実は中国なのですが、マスコミはこのことを言いたがりませんが、いや恐らくは数字を確認していないだけだと思いますが、世界で一番死者が出ていない大都市は、一桁《ひとけた》で済んだ上海です(2021年1月下旬現在も同じ状況)。

欧米と比べれば破格に優秀な日本ですが、東アジア・東南アジアの中で比べれば、人口100万人あたりの死亡者が、多いほうから3番目なのです(対談時の5月冒頭には、フィリピン、韓国に次いでワースト3位。2021年1月下旬現在は、インドネシア、フィリピン、ミャンマーに次いでワースト4位)。国会で「アジアのリーダーとしての日本」と言っていた議員がいたけど、欧米に比べて著しく好成績なので舞い上がって、アジアの数字を調べもせずに発言していたに違いない。台湾やタイ、ベトナムなどから見れば、「何を勘違いしているの？」で大恥です。

それにしても、欧米のニュースを見て「日本もいつかこうなる！」と騒いだ人たちは、現在進行形の現実を把握する訓練ができていないことを証明してしまいました。感染が進まなかったのは日本だけでなく、東アジア・東南アジア・大洋州全体（＝西太平洋地域）の話なのですから、西太平洋地域全体が欧米のようになると騒ぐか、西太平洋地域と欧米はここが違うと指摘するか、どちらかでしょう。今どき欧米と日本しか頭の中の地図に描かれていないから、「日本も欧米化する」と短絡的になるのです。

寺本　びっくりしました。知らないことばかりでした。田舎は病院やベッド数が都会と比べると断然少ないのに、医療崩壊の危険性があるのは、むしろ都市部だなんて……。ところで、なぜ欧米ではこんなに死者が出たのでしょうか？

藻谷　「人種説」（アジアの人はかかりにくい）を言い出す人もいますが、それならば、なぜ西太平洋地域に含まれるオーストラリアやニュージーランドも、周囲のアジア人の国と同じでこんなに死亡率が低いのか説明できなくなります。「BCG説[註8]」も同じで、オーストラリアやニュージーランドはBCGを打っていません。逆にポルトガルやアイルランドは欧州でもBCGを打っていますが、死亡者数は西太平洋より大変多いです。

国単位でしか見ていないから、フェイクに引っかかるのです。同じ国、制度、同じ国民の日本でも、東京と死者ゼロの島根県では感染状況がまったく違うわけですよ。その理由が、人種やBCGであるわけがない。

アメリカでも、私はマニアックにも郡（＝各州を数十に分割した基礎自治体）単位の数字を定期的に分析していますが、死者数の水準が地域によってあまりにも激しく違います。同じ大都市でもサンフランシスコベイエリアの死者数水準は、世界最悪のニューヨーク周辺の40分の1です（2021年1月下旬現在は6分の1。ニューヨーク市：サンフランシスコ市だと10：1）。

つまり理由は一つではなくて複合しています。その中の有力な一つが、人や建物が密集しているほど、感染の危険が高まるということですね。

中国に厳しく、欧米に甘い日本人

寺本　新型コロナウイルスは、もともと中国の武漢《ぶかん》から発生したというのは、ウソではないのですよね？

藻谷　いずれにせよ中国でしょう。今、再びカミュの古典的小説『ペスト』[註9]がベストセラーになったらしいですが、14世紀に欧州で大流行したペスト（黒死病）も、中国の雲南《うんなん》発祥だと言われています。

註8　**ＢＣＧ説**
ＢＣＧワクチンを接種している国（日本やポルトガルなど）と、そうでない国の新型コロナウイルスによる死亡者の数が著しく違うため、ＢＣＧの予防接種が新型コロナウイルスによる死亡を防げるのではないかとする説。ＢＣＧはそもそも、結核の予防接種として使用される弱毒化ワクチン。結核以外の感染症に対しても予防効果を発揮することがあるため、このような説が湧き上がったが、新型コロナウイルス感染症の重篤化予防との因果関係を確立するにはまだ十分な根拠がないとされている。

感染症はまず、中国やインドのような人口過密な地域で広まらないと、世界的な規模にまで蔓延《まんえん》するようにはなりません。アフリカの密林起源のエボラ出血熱[註10]が、風土病で済んでいるのはそのおかげです。またインドはトイレがない家が多いなど衛生上の問題を多々抱えている国ですが、食に関するタブーが多い。その点、中国ほど何でもかんでも食べる国はなく、野生動物に宿ったウイルスが人間にうつりやすいのです。

ですが、ここでカミュを読んだ何万人もの日本人のうち、「中国発祥のペストが、どうして真横の日本に来なかったのか？」と疑問に思った人はどのくらいいるのでしょう。そこを考えないのでは、今回のコロナ騒動で欧米と日本だけを見てアジアを見ていない人と同じです。最初にペストが大流行したと記録にあるのは、14世紀半ば、日本では南北朝時代の戦乱の世の中です。その当時の日本には、国境管理も衛生管理もないのです。

しかし、歴史書を見る限り、当時の日本では、ペストらしきものはまったく出てこない。奈良時代の天然痘《てんねんとう》[註11]とか江戸時代末期のコレラ、[註12]もしくはマラリアが大航海時代の沖縄で流行《はや》った[註13]みたいなことが起きていいはずなのに、起きていません。

註9　**『ペスト』**

アルジェリア生まれのフランス人作家アルベール・カミュ（１９１３〜１９６０）著。１９４７年出版。アルジェリアのオラン市でペストが発生、外部と遮断された孤立状態の中で、必死に「悪」と闘う市民たちの姿を描く。淡々とした筆致で、人間性を蝕む「不条理」と直面したときの人間のあり様を書き上げ、圧倒的共感を呼んだ長編小説。カミュは43歳のときにノーベル文学賞を受賞。46歳のとき、友人が運転する車が木に衝突して即死。

註10　**エボラ出血熱**

エボラウイルスによる感染症。１９７６年に初めて現在の南スーダンとコンゴ民主共和国で同時に発生、20％から最大で90％に達する致死率の高さが特徴。自然宿主は、オオコウモリ科のフルーツコウモリと考えられているが、宿主や感染動物の血液や分泌物、臓器、その他の体液などと人間が接触することにより、またウイルスに感染した人の血液や分泌液、体液、臓器、そしてこれらに汚染された物体（ベッドや衣類など）に直接接触することで人から人に感染する。終息宣言をした国も多いが、２０１４年以降、西アフリカ（ギニア・シエラレオネ・リベリア）で感染が拡大、２０１８年7月には、コンゴ民主共和国において再びアウトブレイクが発生している。

註11　**奈良時代の天然痘**

天然痘は仏教伝来とともに朝鮮半島からの使者を介して日本（当時は倭と呼ばれた）に到達。奈良時代の７３０年頃には、天然痘の大流行で人口の30％近くが死んだともいわれている。

これはなぜなのか。日本だけでなく韓国やモンゴル、ベトナムなど中国の周辺国は皆そうですが、長い歴史的経験から、中国で疫病が流行っているときは特に用心するという身構えができているのでしょう。

天然痘のときは遣唐使《けんとうし》がウイルスを持ち帰って来たので、王朝の中枢で流行ってしまったのですが、以降はその教訓が活きたかもしれません。しかし、欧米人がやって来るようになると、長崎から江戸に往復したオランダ人の持ち込んだコレラが流行したように、奈良時代と同じ失敗を繰り返したのです。

正に「歴史は繰り返す」です。今回もまた、「中国には警戒するが、欧米に対しては警戒が浅い」というところで失敗がありました。というのは、日本で3月から感染が拡大している新型コロナウイルスは、中国からダイレクトに来たものではないのです。中国人観光客の持ち込んだ初期タイプは、クラスター対策で撲滅されました。ですが3月の途中から、欧米から帰国した日本人が持ち込んだウイルスが、中国人と関係のないところで増殖を始めると、その封じ込めにはいったん失敗してしまったのです。

この欧米経由のウイルスは、もともとは中国起源で同じですが、ＤＮＡが少々変異しています。その中にも、欧州経由、米国東海岸経由、米国西海岸経由と、３種あるようですね。

寺本　中国から直接ウイルスが来ているのかと思っていましたが、日本で流行したのは、欧米から持ち込まれたものなのですね……。

註12　**江戸時代末期のコレラ**

日本に最初にコレラが上陸したのは文政５（１８２２）年。江戸時代には、３回コレラが流行している。安政５（１８５８）年のコレラの流行では、江戸だけで約３万人、日本全国では10万～26万人が死んだとみられている。感染者の隔離対策が取られるようになったのは明治以降である。

註13　**マラリアが大航海時代に沖縄で流行った**

マラリアは単細胞生物のマラリア原虫を持つ蚊に刺されることにより感染する。八重山諸島の石垣島や西表島などでは、大航海時代にオランダ船によって持ち込まれたとされるマラリアが発生する地域が多くあった。その後も第二次大戦中に大流行を起こし、12％近い住民が死亡する事態に陥ったが、１９６０年代に撲滅された。しかし、アフリカを中心に未だマラリアで命を落とす人は多くいる。

藻谷　国立感染症研究所のＤＮＡ解析ではっきりしていることです。ネトウヨ関係者には、「中国人の入国さえ２０２０年１月の段階で禁止しておけば、日本は大丈夫だったのに」と言っている人が未だにいますが、まったくのフェイクです。問題は、３月に欧米から帰国した日本人の中にいた無症状感染者を、隔離もせずそのまま家に帰してしまったことでした。中国を過度に警戒しつつ、欧米に甘い。欧米コンプレックスでアジア蔑視という近代日本人に多い考え方の限界が、典型的に出てしまったのです。しかし幸い４月に入って、欧米経由のウイルスも封じ込められつつあります。

寺本　このまま、なんとなくといった感じで日本が制圧に向かうとしたら、医療崩壊は今後も起きないということですか？

藻谷　少なくとも邑南町のような場所では起きません。大都市でも、軽症者を別途収容するようになったので、仮に感染が再燃しても、そう大きなものにはならないでしょう（２０２０年末から年始にかけての感染者急増で、２０２１

年1月下旬現在、大都市圏の11都府県で、患者数がコロナ対応病床数を超過。しかし島根県では病床の４％しか埋まっておらず、医療崩壊には程遠い）。

そもそもこれで医療崩壊するなら、毎年のインフルエンザで医療崩壊していないのがおかしいわけです。実際にはインフルエンザも院内感染はするし、亡くなるのは主として高齢者であるのも同じです。

人の恐怖は共同主観

寺本　実は僕も調べたんです。２０２０年の1月から4月25日までのコロナでの死者数を見たんですが、４００人台でした。一方、インフルエンザで死んでいる人は年間に３３００人もいるんです。がんで死ぬ人となると37万人。自殺も2万人います。

藻谷　日本で新型コロナで亡くなっている人は、仰《おっしゃ》る通りまだ５００人未満ですが、今後これが2倍の１０００人に増えても、年間にインフルエンザで

日本は欧米に比べれば超優等生でも西太平洋地域では劣等生

新型コロナウイルスによる死者数の累計
②日本を含む西太平洋地域の比較

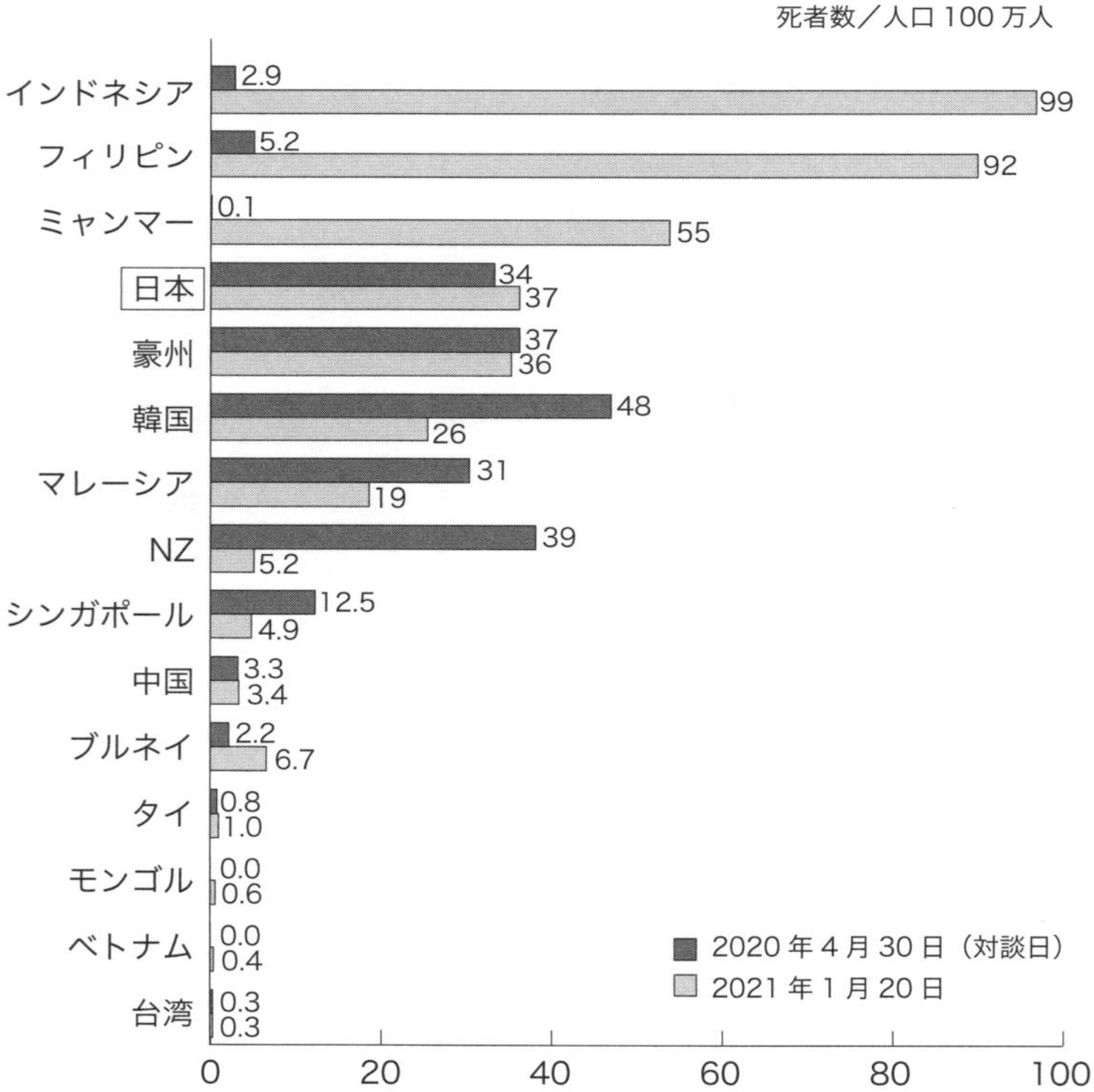

新型コロナウイルスによる死者数の累計
①日本と欧米の比較

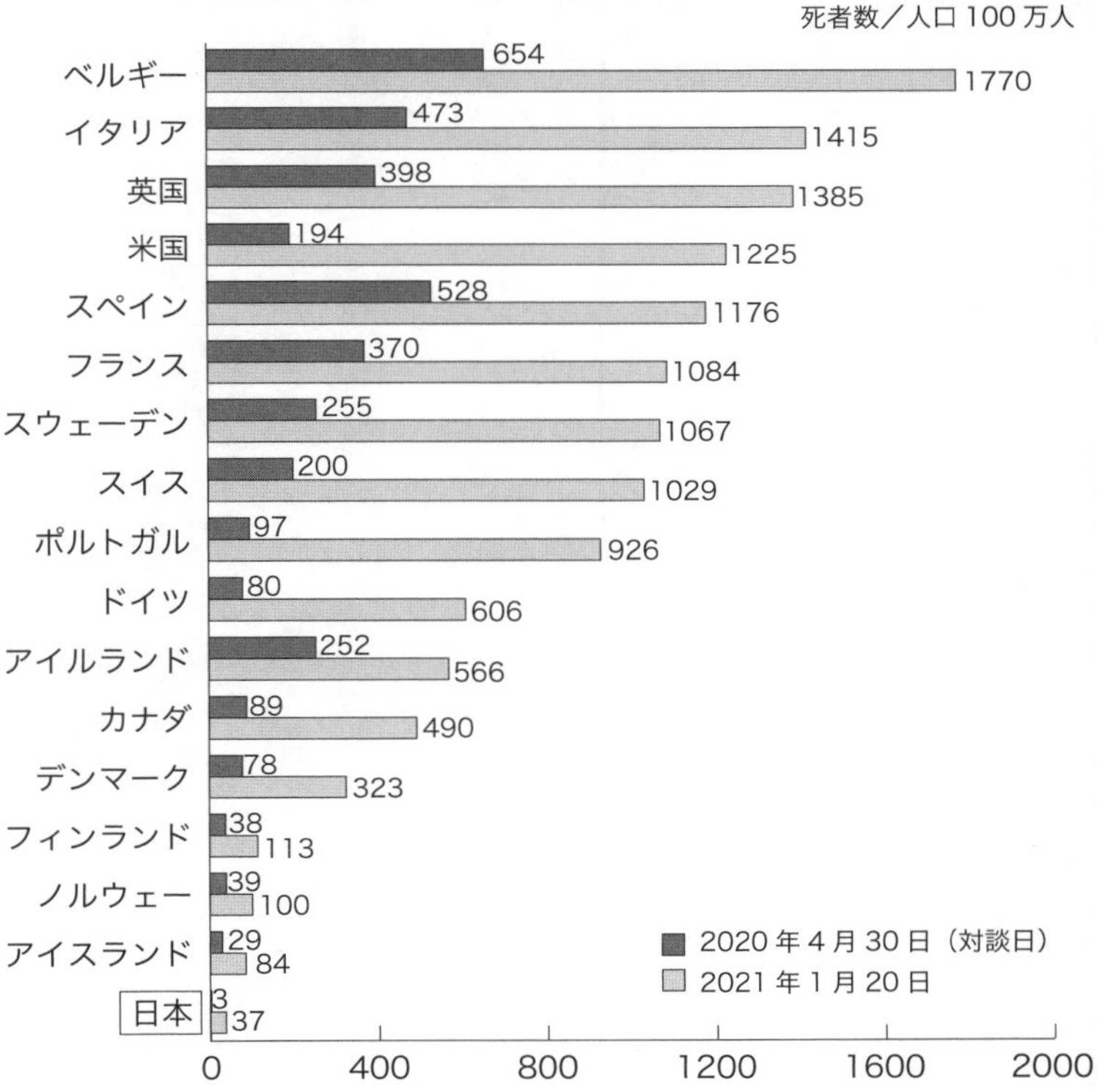

死者数：米国ジョンズ・ホプキンズ大学調べ
人口：国連人口部 2017 年累計＆予測による 2020 年人口

死者数：米国ジョン・ホプキンズ大学調べ　人口国連人口部 2017 年推計＆予測による 2020 年人口

亡くなる3000人以上に比べれば、まだ3分の1以下です（2021年1月下旬現在、5千人まで増加したが、この数字には関連死も含まれるので、同じ基準でインフルエンザと比較すれば依然として2分の1）。人命被害というなら、インフルエンザの流行に対してもっと大騒ぎすべきです。なのに昨年末（2019年末）9月の流行時に、学校閉鎖も緊急事態宣言もなかったですよね。なぜでしょう。メディアがまったく扇動《せんどう》しなかったからです。

「そう言うけれども、コロナにはワクチンがない。インフルエンザにはワクチンがある」と反論する人がいます。私は講演会で何度か、「この秋冬にインフルエンザのワクチンを打ちましたか」と会場に向けて訊《き》きました。すると多くても半分弱、会場によっては2割ほどしか手を挙げません。インフルエンザのワクチンはその年の流行によりますが、少なくとも20～50%の人に毎年効果が認められているのに、半分以上の人が注射を打っていないのです。インフルエンザワクチンも打たないまま、コロナを怖がっている人がいかに多いことか。しかも、そのナンセンスさに自分で気づいていない。

さらに言えば、旧来型の肺炎の人は今、日本国内では1日平均260人亡くなっています。心臓疾患で亡くなる人は1日600人以上です。がんとなると、1日1000人が命を落とします。ということはつまり、今日この瞬間に医師から「がんです」と告知されている人は1500人くらいいてもおかしくありません。一方、コロナで亡くなる人は、一番多かった日でも30人以下でした（2021年1月下旬現在、最大で100人超）。しかも、がんとコロナでは重症化率も死亡率もまったく違いますし、闘病生活もがんのほうが大変です。おまけにがんは、子どもや働き盛りでも命を落とす病気です。なのになぜ、コロナを怖がってがんを怖がらないのでしょう。

つまり、人間は、皆がそのときに怖がっているものしか怖がらないのです。昔なら怨霊《おんりょう》や妖怪を恐れて、そのショックで死ぬ人までいました。昔の人を馬鹿にするのは間違いで、今コロナを過度に怖がっている人は、昔と何も変わっていないのです。用心はいいですが、怖がるのは無駄です。

寺本　ネット社会になって、余計にそうなりましたよね。

藻谷　２０２０年４月、アメリカの国防総省がＵＦＯの存在を認めた[註14]という動画つきの報道がありました。宇宙人の存在を認めたわけではないですが、「この映像に映っている飛行物体は正体不明である」と認めたのです。ペンタゴンがＵＦＯを認めちゃったのですよ！　本来ならば、これは大ニュースです。

しかし、ほとんど誰もこのニュースを話題にしませんでした。恐怖の意識がコロナに向いているから、それどころではなかったわけです。一部のオカルトファンの間ですら盛り上がっていない感じがします。

寺本　確かに、通常時であれば、すぐに民放が特番をやってるでしょうね。矢追純一さんとかを呼んで（笑）。

藻谷　そうなんですよ。これはまさに、人間が共同主観[註15]でのみ動く、「皆が怖がるものだけを怖がる」ということの、非常にわかりやすい例なのです。

誤解しないで欲しいのですが、私は、「コロナは怖くありません。怖がらなくてもいいですよ」と言いたいわけではありません。突然に重症化し死に至ることのある新型コロナは、その不意打ちであるところがとても恐ろしいウイルスです。コロナで亡くなる人がいるのは悲しいことですし、死亡者は一人でも減らしたほうがいいに決まっています。しかし、毎日1000人が死んでいる「がん」の悲劇は、それどころではないでしょう。体調が悪いのに仕事を休めないからと出社し続けて、ちゃんと検査をせず、

註14　**国防総省がＵＦＯの存在を認めた**

アメリカの国防総省が２０２０年４月27日、「ＵＦＯ」が映った３本の動画を公開した。これらの動画は米海軍戦闘機が謎の空中現象と遭遇したときのもの。２００４年と２０１５年に撮影されたものだという。すでに２０１７年末には「ニューヨーク・タイムズ」などが報じていて、米海軍は動画が本物であると認めていたが、今回はさらに上部組織である国防総省が初めて承認し、公式に公開されたということで話題になった。

註15　**共同主観**

ドイツの哲学者エルムント・フッサールが提唱。間主観、相互主観ともいう。「正しい」と皆が思っていることは、皆が「正しい」と認めているから正しいにすぎないという考え方。

手遅れのがんで死ぬ人は毎年たくさんいるのです。そういう悲劇から逃れられないことこそが、人間の限界であり、実態です。

しかし人間は、その折々に社会で共有される共同主観に照らし合わせて動くので、がんは気にならないし、「コロナよりインフルエンザのほうが死者が多い」などと言えば、人非人《にんぴにん》扱いさえされかねない。世の中とは、そういうものですが、しかし歴史を振り返っても、共同主観が正しかったことなどほとんどないのです。

寺本 なるほど。しかし共同主観という目に見えない巨大なモヤモヤには、情報があふれている都市部の人たちのほうがより左右されるような気がします。実は邑南町の人たちの多くは、まだ町にコロナウイルスが来るという実感も持っていません。

藻谷 確かに、東京にいる人たちは、「過疎地」に対しても、共同主観の中で勝手な幻想を持っていることが多いですね。

以前に、「過疎地は、経済競争に負けたから過疎地になっているのであって、滅びるのは経済的に当然じゃあないですか」と真顔で言う大学生に会ったことがあります。東京生まれの東京育ちで、テレビやネットでしか情報が入っていないのですね。

「過疎地」といえば老人ばかりというイメージですが、今私がおとなしく閉じこもっている東京都内でも、街を歩いている人には本当に老人が多いのです。乳母車のような歩行器で体を支えて、段差の多い都内の道を大変そうに動いている姿は、過疎の離島の様子と何ら変わりません。東京でも４人に１人は高齢者なので当たり前なのですが、都会の人間の多くは「高齢化しているのは過疎地である」という共同主観に支配されているので、自分で眼前の現実が見えないのです。

経済競争というのもあきれた話で、同じ70代の人を比べれば、過疎地のほうがはるかに元気で若くて、お金にも困っていない感じの人が多いですよ。都会の70代は退職して10年以上も経《た》っている人が多いですが、田舎の70代は現役の農家だったり現場作業者だったり、まだまだ稼いで、ぴんぴんしていますからね。都会の家が小さくて、過疎地の家が大きいのも、経済競争の勝ち負けの結果なんですかね。自分自身で考えているのではなく、自分の頭の中に取り憑《つ》いた共同主観がものを言っているだけですから、矛盾だらけのことを平気で言ってしまう。そしてその矛盾に気づかない。

寺本　そうなんですよ。僕、こう見えて結構洋服にはうるさくて、全国の40代のオヤジの中ではわりとオシャレなほうだと自分で思っているのですが、「なんで田舎の役場の人間が、そんないいブランドのスーツを着ているんですか？」と訊いてくる都会人がいて、本当に腹が立ちます。田舎のオヤジ＝ダサイも共同主観です。長靴履いて役場に通っているとでも思っているのでしょうかね（笑）。

藻谷　田舎の役場の人間は、ブランドスーツも、格好いい作業着も両方持っています。どちらも持っていないのが、都会の勤め人でしょう。
ところで寺本さんは、先ほど、「なぜ東京や大阪には、たくさん大病院があるのに医療崩壊すると騒ぐのか」と言いましたよね。では、今、我が国でコロナの患者さんを受け入れている病院って何割くらいか知っていますか？

寺本　知りません。そんなニュースは見たことがないし。実は意外と少ないのではないですか？　人工肺のエクモ[註16]を使える医師が足りていないという報道は何度か目にしましたが……。

藻谷　そう、非常に少ないのです。どの県にどれだけコロナ対応病床があるかという情報が、〈新型コロナウイルス対策ダッシュボード〉というサイト

註16　**人工肺のエクモ**
ＥＣＭＯは、Extracorporeal Membrane Oxygenation の略。「体外式膜型人工肺」のこと。人工呼吸器や昇圧薬など、通常の治療では救命困難な重症呼吸不全や循環不全のうち、可逆性の病態に適応される。通常の治療ではただちに絶命してしまう、または回復不能な障害を残すような超重症呼吸、循環不全患者に対し、回復するまでの間、呼吸と循環の機能を代替するもの。

に毎日更新されて載っています。https://www.stopcovid19.jp/

邑南町のある島根県には、コロナ対応病床が２００床あります。しかし、この対談をしている5月上旬現在、16床しか埋まっていません（２０２１年1月下旬現在、島根県内の対応病床は３５１床に増強されたが、うち15床しか埋まっていない）。

お隣の鳥取県には３２２病床もあります。しかし、埋まっているのは２床だけ。広島は実はピンチで、１１９の病床に対し、今、１２４人（２０２１年１月下旬現在、鳥取県内の対応病床は６５３床に増強され、うち46床が埋まっている。広島県内は１２７２床まで増強され、うち４３０床が埋まっている。いずれも余裕がある）。だから広島県は、喉から手が出るほどお隣の島根の病床で受け入れて欲しいわけですが、そうすると、島根にウイルスが運び込まれてしまう恐れがあるわけです。

日本全国に、コロナ患者を受け入れている病床は2万床しかありません。日本の病院の全ベッド数というのは、厚生労働省の病床削減計画[註17]によりだいぶ削減されてはいるのですが、まだ１５０万床以上あります。これは、実は人口あたり世界１の数なのです。２位は韓国です。しかしその中で、コロナ患者を受け入れられるのは２万床。つまり、１％少々しかないわけです。その状況で「医療崩壊するから飲食店をロックダウンしましょう」というのは、本当に正しい考え方なのでしょうか。

ロックダウンに意味はあるのか？

寺本

僕が一番疑問に思っているのもそこなんです。新型コロナは確かに怖いです。死亡しているのは圧倒的に高齢者であり、田舎には高齢者は多いのは事実です。

註17　**病床削減計画**

人口が横ばいもしくは減少傾向にある中、２０２５年に必要となるであろう病床数を、４つの医療機能ごとに分化して連携を進め、効率的な医療体系を目指そうとする「地域医療構想」の一環。２０１９年10月の政府の経済財政諮問会議で余剰病床の削減計画の提出が求められ、官民合わせて過剰となる13万床の削減が計画された。

だけど、経済が止まっていることも、本当に怖いのです。邑南町には感染者がいないのに、飲食店が営業できない。この事態をどうしたらいいのかを教えて欲しいのです。新型コロナで死者を出さなくても、経済的な理由で死者を出してしまう可能性があります。町から自殺者が出るようなことだけは、あってはならないと思っています。

藻谷

まず、たった1・2%しかないコロナ対策病床を増やしていくことでしょう。実は最初は0・7%しかなかったのを、頼み込んでここまで増やしたのですが、これ以上増やすには、ボトルネックとして人工呼吸器と防護服が足りていません。流行し始めた2020年3月、4月で、国がマスクを配るのに460億円（のち変更）かけるくらいなら、防護服とマスクを作る企業の設備にかけるべきだったのです。

企業側にしてみれば、設備ができる頃には顧客がいなくなってしまうという事態を恐れますので、この状況で自分たちでは投資できません。だから設備は国が無料で作りますと、すぐに法律を変えて100億円突っ込んでいれば、今頃、防護服とマスクは供給できたはずです。防護服と人工呼吸器が足りれば、コロナ対策病床数を格段に増やすことができる（その後マスクや防護服の不足は解消し、2021年1月下旬現在、全国のコロナ対応病床数は5万3千床まで増強されたが、患者数6万6千人を収容しきれていない）。

そうすれば、後はキャバクラや風俗店など、いわゆる「接待を伴う飲食店」さえ制限しておけば、感染はもうそんなに広がらないのです。

寺本　つまり、普通の飲食店は営業しても、それほど問題がないと？

藻谷　狭い居酒屋で換気せずに、同じ卓と料理を囲んで他人同士で酒を飲むのは危険ですが、普通の店で対面で食事する分には基本的に問題ないです。

新型コロナウイルスって、もともとはコウモリの中でしみじみと生きていたんですよ。南海の海底にいたゴジラ[註18]みたいに。それが突然、人間の体に入ってしまい、そうしたら今までより爆発的に増えることができた。ですが人間の体に入ったら、免疫にウイルスがやられるか、宿主《しゅくしゅ》の人間が死ぬかどちらかです。感染から約2週間~1ヵ月の間に、決着がつきます。どっちになっても、そのままではウイルスは生き延びられません。唯一のチャンスは、口から口へ移動することです。息に含まれる唾《つば》の飛沫の中に入って、その飛沫を別の人が吸い込んでくれれば、また免疫との戦いの再開です。ウイルスからしてみれば、パスで繋ぐラグビーみたいなものです。だから、口から口へ飛沫が飛ぶか、あるいはどこかについた飛沫を触った手指で口に触ってくれるか。いずれかでない限り、ウイルスは滅びます

(その後、飛沫よりも小さく空気中を漂う「エアロゾル」により、密閉空間内で感染が起きることが検証され、飲食店内での換気とテーブル間の距離が重要視されるようになった)。

寺本　それはまさに、藻谷さんが『里山資本主義』[註19]などでずっと仰っている都市と人口密度のお話と関係していますね。歩いているだけで人とぶつかるような可住地人口密度[註20]の高い場所に住んでいるだけで、多くのリスクがあることになる……。

藻谷　そういうことです。ラグビーでも、人が集まって数で勝らないとパスは繋がらない。ラグビーの得点チャンスが少ないように、コロナも日本のほとんどの地域で生き延びられませんでした。大都市の都心を除いては。

註18　**南海の海底にいたゴジラ**
ゴジラはラゴス島という架空の島に生き残っていた古代生物、ゴジラザウルスの生き残りで、ビキニ環礁の水爆実験の影響で突然変異を起こしたとされる。環境破壊によって覚醒した怪獣という設定。

註19　**『里山資本主義』**
『里山資本主義　日本経済は「安心の原理」で動く』藻谷浩介著、2013年、角川書店。
「社会が高齢化するから日本が衰えるのだ」という考え方は間違っている。原価をかけずに経済を再生させ、コミュニティを復活させる方法、地域経済の自立をもたらす日本経済の新しい原理を示す希望の書。

註20　**可住地人口密度**
人口÷（土地面積－森林面積）＝可住地人口密度（1キロ平方メートルの人数）。人口を計算するときに通常はその地域の面積を使うことが多いが、実際に人が住める地域で計算するとより正確な人口密度が出る。可住地人口密度が高い国ほど、自然が豊かで養える人口が多い。

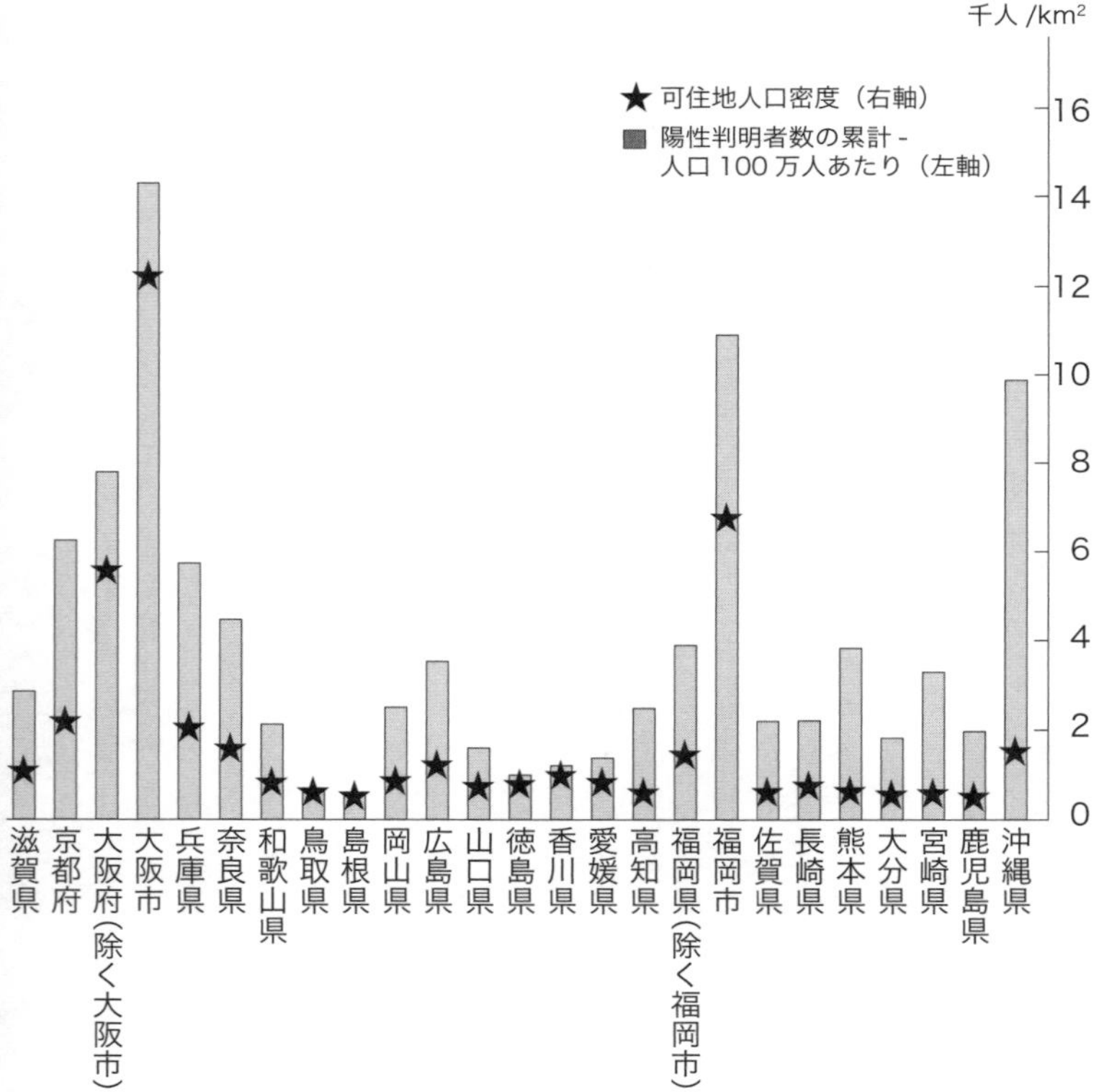
千人 /km²
★ 可住地人口密度（右軸）
陽性判明者数の累計 - 人口 100 万人あたり（左軸）
16
14
12
10
8
6
4
2
0
滋賀県
京都府
大阪府(除く大阪市)
大阪市
兵庫県
奈良県
和歌山県
鳥取県
島根県
岡山県
広島県
山口県
徳島県
香川県
愛媛県
高知県
福岡県(除く福岡市)
福岡市
佐賀県
長崎県
熊本県
大分県
宮崎県
鹿児島県
沖縄県

作成：藻谷浩介

陽性判明者数の累計（人口100万人あたり）
可住地人口密度との比較　2021年１月20日

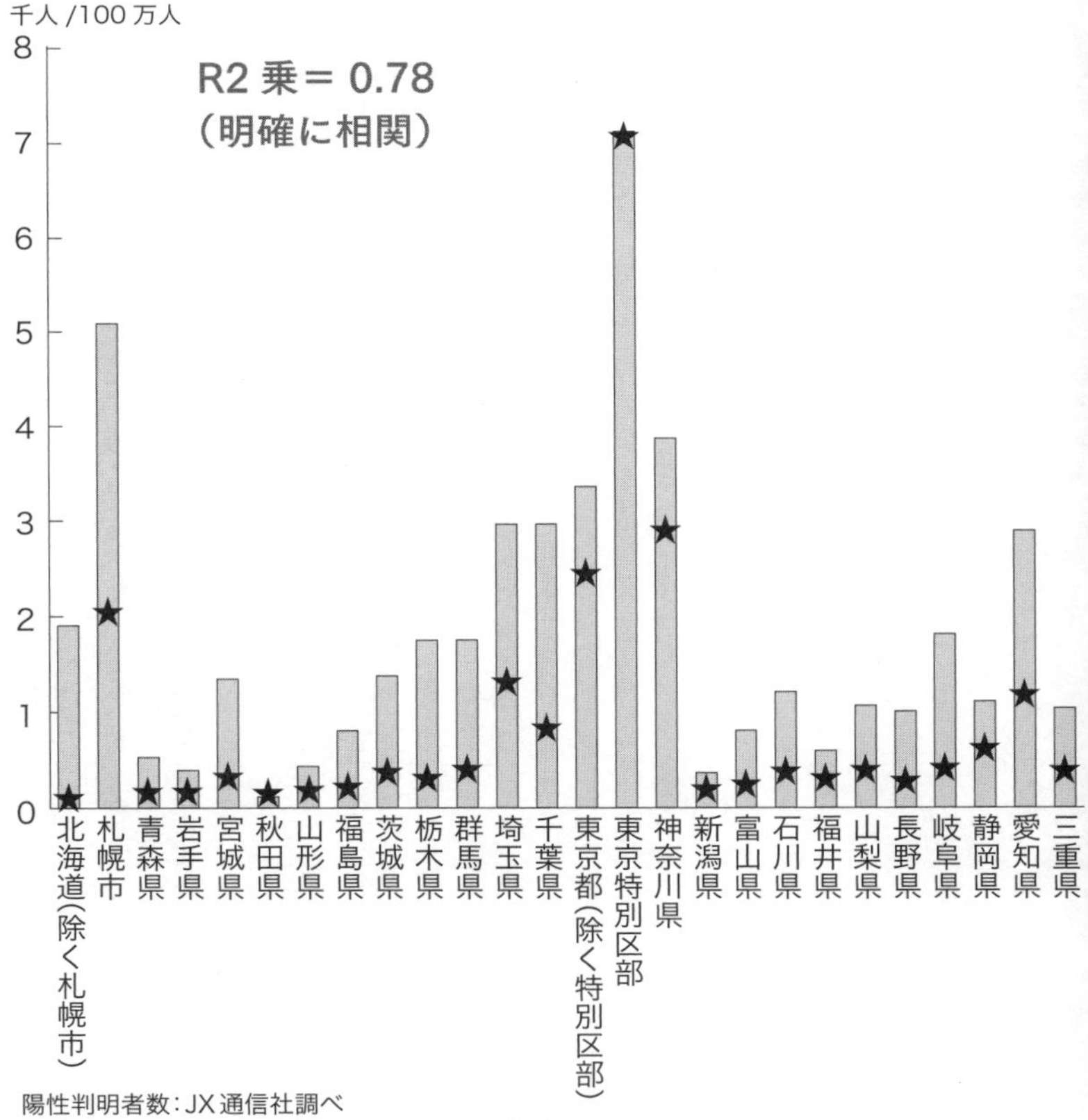

陽性判明者数：JX 通信社調べ
可住地人口密度：2020 年元旦の人口 ÷ 可住地

欧米の場合にはもう少しチャンスが多かったのです。飛沫はゆっくり床に落ちますが、その中でもウイルスは何日か分解されずに生きています。そうなると、家の中でも靴を脱がない文化の国では、靴底に飛沫がくっついて、あちこちに運ばれます。欧米には入浴をきちんとしない人、夜ではなく朝にシャワーを浴びる人も多いので、体についたウイルスが、寝ている間に手指を経由して口に入ってしまう機会があります。さらには、そもそも手をあまり洗わずに手づかみで軽食を食べる習慣があるので、ますます危ない。もちろんハグや握手、頬へのキスなどの習慣も危険です。

それはともかく日本の場合には、至近距離で皆がぺちゃくちゃ喋《しゃべ》る環境を潰さなくてはいけません。居酒屋の場合には、酔って大声を出すようなことがなければそれほど問題ないと思いますが、キャバクラやナイトクラブは、ひそひそ声でも危険です。

寺本　やはり、都会の夜の街は感染リスクが高まるのですね。

藻谷　口と口の距離が近くなりますからね。だから、ナイトクラブで男の人にニジニジとニジり寄られている女性従業員の感染リスクは高いと思います。銀座に通っている政治家にもっと感染者が出るかと思いましたが、政治家は今、夜の街に遊びに行っていることを報道されたら大変だから、人一倍気をつけているのでしょうね（その後、銀座ではなく新宿や池袋などでのホストクラブでの感染拡大が問題化した他、居酒屋などでの宴会やパーティーでの感染事例、カラオケでのデュエットなどによる感染事例も報告されている）。

しかし、夜の仕事の人たちはそうしないと生きていけないわけですから、夜の仕事に就いている人にこそ、いち早く休業補償を出すべきだったと私は思います。それが、いきなり全国民一律にお金をあげようという話に飛躍し、しかもまだごくごく一部の人にしか給付されていません（結局、支給作業は夏まで続いた）。

たとえば、シンガポールが今回どういう対策を取ったかといえば、家の周辺以外に外出制限をかけました。１００万人あたりの感染者数は日本よりもずっと多いのですが、感染すると徹底的に治療ができているので、死者数は大変少なく抑えられています。日本では、休業要請をしたことで「補償もないのに休業できない」という声が多く出て、たくさんの人が困っています。当然です。

しかしシンガポールでは、勝手に個人の口座にお金が振り込まれてきます。これには私もびっくりしました。各事業者が、昨年に比べてどれだけ収入が減っているかがわかるから、政府がその分を自動的に振り込んでくるのです。

本当に困っている人から助けていく

寺本　えっ？　頼んでもいないのに勝手に口座に入金されるのですか⁉　それは、マイナンバー制度みたいなものを活用しているのでしょうね。

藻谷　そう、勝手に振り込まれてくるのです。それだけ国の管理が行き届いているのです。あの国は、納税に対して非常にうるさい国です。税率が低いかわりに、絶対に脱税を許さないという方針です。
日本では、税率が高いけれど、脱税も、ものすごく多いのです。マイナンバーを嫌がる人が多いですが、脱税さえしていなければ、マイナンバーなんか握られていても、なんの問題もないんですけどね。
ともかく、シンガポールでは誰がどのくらい儲《もう》けているかオープンになっているので、支援がしやすいんですよね。でも、邑南町のような人口約1万人の町ならば、シンガポールのようにできるのではないでしょうか。

寺本　はい。邑南町がこの4月に入ってやったことは、感染源になっているのは悲しいかな飲食業と宿泊施設だということで、飲食店の売り上げ維持と感染予防のために20万円の補助金をすぐに出すことでした。これは結構評判となり、その後、島根県が邑南町モデルを推進しました。

藻谷　素晴らしい！　国民全員に10万円配るのよりはずっとピンポイントでいい施策です。今（2020年5月時点）10万円もらっても、食事しには行きません。

寺本　本当に困っている人から手を差し伸べることが行政としては大切です。

藻谷　今の日本では、働いている人間は全人口の49%しかいないんです。これは、パートタイマーも含めての数字です。高齢退職者が大変に多いですし、専業主婦のように無職で何とかなっている人もいます。今困っている人は、この49%の中のさらに一部なのですから、そこに的を絞った支援を早くしなくてはなりません。でもこの数字をどれだけの国会議員や、「一律でお金を給付しろ」と報道している人間が知っているのか疑問です。

寺本　我が邑南町なんて高齢化率が40%を超えているわけですが、そもそも高齢者には年金があり、最低限の収入は確保されています、今一番経済的に苦労しているのは、町内では宿泊施設や飲食店の方です。そこで働く人たちは一般的に若い方です。そこに対策を打っていかないと、なかなか立ち行かなくなります。

僕、この4月から商工観光課長になったんですが、初仕事は〈瑞穂《みずほ》ハイランド〉の倒産に関わる事業の処理と対外的な説明でした。西日本で最大級のスキー場だったのですが……。

藻谷　このスキー場は本当に素晴らしいコースを持っています。標高差も700メートルあって、雪さえあれば、楽しさは信州に負けません。ですが暖冬とコロナのダブルパンチで……寺本さんは、ものすごいタイミングで課長になってしまいましたね。

寺本　その後に今起こっているのが、宿泊施設の〈いこいの村しまね〉とか、〈いわみ温泉霧の湯〉の休業です。もちろん、コロナが収束するまでという前提ですが、じゃあ、本当にもとの経営状態に戻るのかといったら、なかなか難しいと考えています。そうなると、邑南町が10年かけて作り上げてきた〈A級グルメ〉も、また再構築しなくてはいけない事態になるはずです。

藻谷 邑南町の大変さは、考えるに余りあるものがあります。ですがまず、過疎地全体に共通の話から先にしましょう。今、人口が過密で家が狭い大都市の弱さ、自然と実りに恵まれた田舎の強さが前面に出てきていますね。その一方で、過疎地は都会や海外からのキャッシュフロー[註21]なしで生きていけるかといえば、そういうわけにもいかない。

「里山資本主義」であっても、「里山自給自足主義」ではないのです。自給自足主義でやっている人には影響はありません。でも、そういう人はあまりいない。今、里山で何かやろうとしている人間であればあるほど、コロナになるまでは、能力を少し発揮すれば、よそのお客さんに来てもらったり、ものを作ったりすることができていたからです。

寺本 そうなんです。僕たちは、里山が誇れるものを都会の人にアピールし、売っていかなければならないのです。当たり前ですが、自給自足だけでは、お金は生まれませんからね。

藻谷　邑南町をはじめとする〈A級グルメ〉の町[註22]は、この10年間、ブランド訴求《そきゅう》力を培ってきました。恵まれた地理条件を活かして、「ここでしか採れない、素晴らしく美味しいもの」を高く売ることに成功したのです。マーケティング的に考えれば、すごく真っ当だけれど、これまで誰もやろうとしなかったことに挑戦し続けてきました。

註21　**キャッシュフロー**
キャッシュ・フロー（cash flow）は、現金流量とも言われ、現金の流れを意味する。主に、実際に得られた収入から、外部への支出を差し引いて、手元に残る資金の流れのことをいう。

註22　**邑南町をはじめとする〈A級グルメ〉の町**
邑南町がスタートさせた〈A級グルメ構想〉に賛同した自治体により、2018年に〈にっぽんA級（永久）グルメのまち連合〉が発足した。加盟したのは、島根県邑南町、北海道鹿部町、福井県小浜市、島根県西ノ島町、宮崎県都農町の5市町。1市町あたり250万円を拠出し、食に関わる人材の募集・育成や、〈A級グルメ〉の理念を広げるための情報発信、広報活動などで協働する。

だから、全国からお客さんが「行きたい」と思っている。当然ながら、人口が少ない町ほど、よそから来るお客さんが一人増えても減っても、それで消費が増える／減るというインパクトが大きいのです。しかし、その影響が大きく出ている反面、過疎地がもともと持っている自給自足、物々交換、恩送り[註23]システムは、お金があってもなくても、より有効に生きていますね。

しかしこれは、実は、東京でも同じことなのです。「過疎地」と「東京」は全然、経済の回し方が違うと思っているかもしれないけれど、東京も多くの人は、〝集客ありき〟の仕事で食べています。いや東京のほうが農業も工業も少なく、お店に収入を頼っている人の比率は高いですね。

しかし東京の場合、過疎地のように自給自足、物々交換、恩送りの習慣がないので、さらなる危機的な状態になっています。特に、東京の飲食業は本当に大変な状況です。

寺本　僕は、大学が東京農大[註24]だったので、世田谷区や小田急沿線にはよく通った定食屋やラーメン屋さんがいくつかあります。

今回のコロナ禍で、そういう個人経営で、長年都会で頑張ってきたお店が何軒も潰れていると聞くと、本当にせつないですね。東京のとんかつ店店主が、自分の体に油をかぶって火をつけて自殺した[註25]という報道には、胸

註23　**恩送り**
親切にしてくれた相手に直接お返しする「恩返し」に対して、誰かから受けた親切や善意を相手に返すのではなく、他の誰かに渡していくのが「恩送り」。送られた人はさらに別の人に渡すことで恩が世の中に回っていくようになると、社会に正の連鎖が起きるという考え方。

註24　**東京農大**
東京農業大学。1891年、その前身となる「徳川育英会育英校農業科」が東京都・飯田橋に設立された。生みの親は榎本武揚。現在は、東京都世田谷区にメインキャンパスを置く。卒業生には、発酵学の第一人者で、同大学名誉教授の小泉武夫氏や、健康・料理評論家で給食研究でも知られる幕内秀夫氏らがいる。秋の収穫祭の名物・大根踊りは1952年に誕生した。

註25　**油をかぶって火をつけて自殺した**
2020年4月30日、東京都練馬区のとんかつ屋で、店主が全身やけどで死亡した。自殺と見られる。新型コロナウイルスの感染拡大の影響を受け、店は4月の中旬から営業の縮小を余儀なくされていた。店主は東京オリンピックの聖火ランナーに選ばれていた。

が締め付けられました。経営が回らないからと店を開けたら開けたで、「自粛警察」に通報されるんですよね。やっぱり東京は怖くて冷たいなあってつい、思いました。邑南町に来てもう一度チャレンジすればいいのに……しかし、今はそんな声もかけられない。残念です。

第2章

自給自足、物々交換、恩送り
――これから生き残る町とは？

本当は田舎に行きたい東京人

寺本 リーマンショック[註1]のときは、地方ではあんまり、経済的な影響を感じなかったのですが、今回の新型コロナはすごいインパクトがあります。それはやっぱり、「人の移動が制限されている」ことが問題の本質なんですよね？

藻谷 それはつまり、リーマンショックの後の10年間に、どれだけ過疎地が頑張ってきたか、ということの裏返しですね。頑張ったというのはつまり、地域の外から来るお客さんが増えたわけです。頑張っている地方では、産品の質やデザイン、サービスの水準が、この10年間で劇的に上がりました。世界的にも、日本の「INAKA」の評価が高まっています。

でもコロナ禍となって、感染者の多い都会から田舎に遊びに行くことは一種のタブーになってしまいました。いいものを頑張って作って、よその人に評価されていた地域ほど、今、苦しいことになっています。

寺本　今回のゴールデンウィークだって、普段なら本当にたくさんの人が他県から来てくれる時期なのに、今年の僕がやった仕事は、観光地に全部バリケードを張るという作業です。商工観光課として、悔しいとしか言いようがないです。実際、感染者は邑南町にはいない、だからこそ、本当に空虚な感じになってきているというか……。

藻谷　今のお話は、３・11以降の福島に似ています。まさに福島の２０１１年４月みたいな感じがするのです。花見山（春に色とりどりの花が咲くことで有名

註１　**リーマンショック**
２００８年に、アメリカの大手投資銀行リーマンブラザーズの破綻がきっかけとなり、世界経済が大混乱に陥った事態のこと。リーマンブラザーズは、低所得層向け住宅ローン（サブプライムローン）を証券化して販売、住宅バブルの崩壊に伴って64兆円もの負債を抱えるまでに至った。これが連鎖的に大手金融機関の破綻を招き金融危機が加速、日本も株価の暴落、金融不安に代表される強烈な景気後退に見舞われ、１９２９年の世界大恐慌以来の経済危機に陥った。

な福島市の観光名所）に満開の桜が咲いているのに、人が一人もいない。富岡町の夜の森地区も、毎年4月に桜並木がトンネルになってそれはきれいに咲くんですけど、原発のすぐ近くなので、誰も立ち入れないようにバリケードができました。

原発事故の数年後ですが、その桜並木の横に家がある人に、桜の季節の夜の森地区を案内してもらったことがあります。「私の家はあそこなんです」って、バリケードの向こうを指さす。満開の花の下の自分の家に、事故以降、一度も立ち入ることができない。

今回の新型コロナ問題で、この方の気持ちが少しはわかるようになった人も、日本中に増えたのではないでしょうか。

寺本　本当にその通りです。邑南町で一番の観光スポットである〈香木の森公園〉なんて、ゴールデンウィークの時期の開花を目指して、いろいろな花を育ててきたんです。〈道の駅瑞穂〉も封鎖しました。5月の連休中、道の駅は農作物だけで１０００万円は売り上げがあるはずだったんですが、今年は農作物があるのに売れないのが残念で……こんな気持ちは初めて味わっています。

藻谷　道の駅を開いてしまうと、広島の人たちが高速道路を飛ばして、美味しいものを買いに来てしまいますからね……。

寺本　この3月、4月、そして緊急事態宣言が出てからも、実は、広島からのお客さんの数はすごかったんです。昨年の同時期よりも売り上げがよかったんですよ。

藻谷　来るなと言っても来るので、閉鎖せざるを得ないとは……。かつて経営危機だった施設が、ここまで人気になったというのは、感無量ですね。寺本さんが〈道の駅瑞穂〉の再建に関わったのは、今から何年前でしたっけ？

〈道の駅瑞穂〉は、道の駅の成功モデルとして、全国の自治体から注目されている。ドライブの途中で立ち寄るのではなく、わざわざ食材を求めてやってくる人が後を絶たない。

野菜などを卸している生産農家さんの顔写真が貼り出されている道の駅は珍しい。

道の駅のためにものを作り、少なくない収入を得ている町民が増えている。

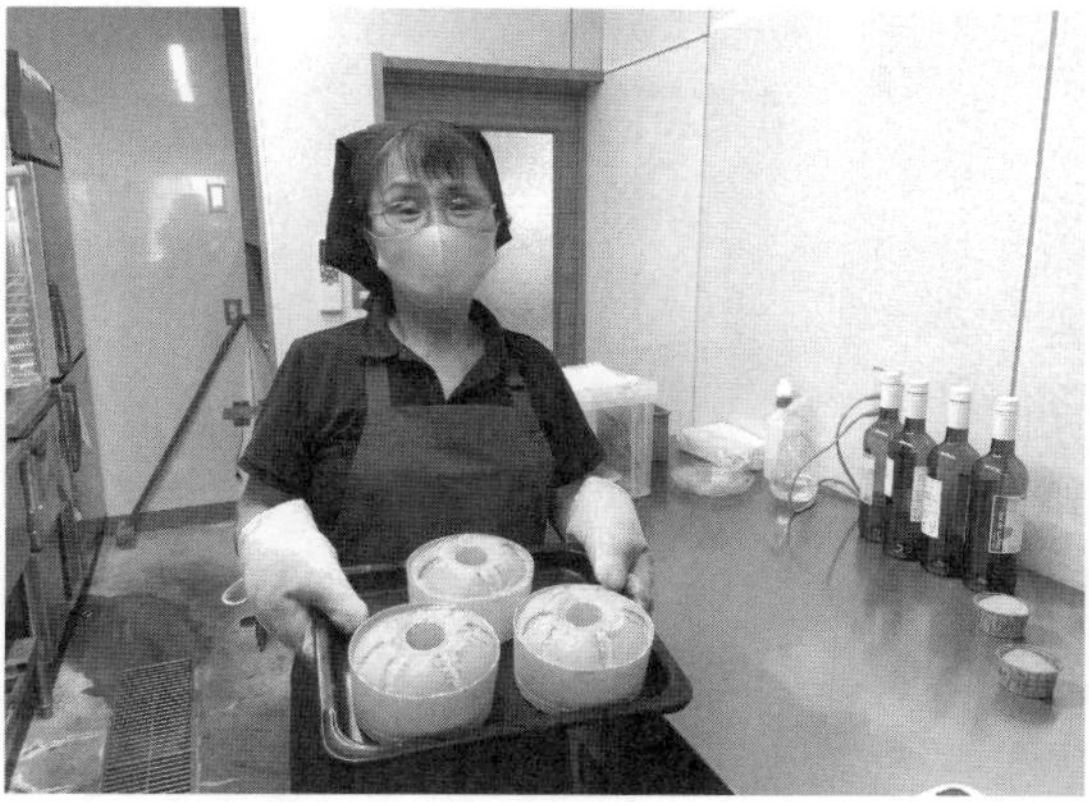

寺本　僕が最初に道の駅に関わったのは、「平成の大合併[註2]」の後ですから、平成16年です。

藻谷　それからおよそ15年かけて、〈道の駅瑞穂〉は進化して、ついに、「ドライブのついでに立ち寄る場所」から、「そこを目指してドライブに行く場所」に変貌したのです。

私は定期的に邑南町に出かけていますが、売っている側の人たちの目の色も変わってきたのがわかります。手作りのお弁当を売っているおばあちゃんも、ただ、作ったものを並べるだけではなく、お客のフィードバックを集めている。売るための能力やセンスが相当高くなってきています。だから、やっている人たちさえ諦めなければ、復活はできますよ。だけど、原発被災地みたいに10年も封鎖されてしまうと、もうシステムが壊れてしまう。

寺本　そうなんです。こういう事態になってしまっても、僕たちはそのモチベーションを下げたくないんです。「食」と「農」の取り組みを10年以上やっていて、実を結び始めた矢先にこんな事態となり、誰もが苦しんでいます。そんな中、僕たち役場の人間は、給料は下がっていないわけです。だから、今まで役場職員は、皆自宅から弁当を持参して昼食を食べていたのですが、職員組合とも話をして、結果、２００人の職員のうち、１５０食くらいは、地元の飲食店からお弁当をとるようになったんです。

そうやって、職員たちがなんとか地域でお金を回そうとできるのも、「里山資本主義」があったからこそです。

藻谷　本当につらいタイミングだけど、寺本さんは今こそ課長になるべき天命だったのかもしれませんね。神様が今という時期を選んだとしか思えない。

註２　**平成の大合併**
１９９９年から２０１０年にかけて政府主導で行われた市町村合併のこと。地方分権の推進、地方自治体の広域化により、財政基盤を強化するなどが目的とされる。およそ10年間で、市町村の総数は１５００あまり減った。

ここからは、ドイツやスイスみたいに地域内でお金を回せる田舎と、日本の多くがそうであるように回せない田舎とで、差がついてくるのです。お金を使って買う商品のほとんどが他所《よそ》産のものであれば、地域内のお金はそこから都会に戻ってしまいます。せめて食材くらいは地元産をもっと使って、その分だけでも地域内でお金が回るようにしなくてはなりません。その点、地元産の食材や建材の多い邑南町は、都会に比べればまだ、お金を地域内で回しやすい状況にあります。役場が率先して、地域産を買うということは、地域産のよさを町民に知ってもらうきっかけにもなりますね。

こういう話をすると、「地域内で売り買いしているだけでは、花見酒のようなもので発展がない」と言う人がいます。しかし、消費生活が高度になった今の日本では、地元民が評価しないものは地域外でも売れません。地元のお得意様の評価がある、ということが都会人の注意をも引きつけます。都会人のほうが、邑南のいいものを邑南町民に独占されて、自分は買いに行けなくて、欲求不満になっていますよ。

寺本　都会人のほうが欲求不満なのですか。

藻谷　日本の魅力は今、圧倒的に、東京に比べて田舎にあります。過疎地に東京にない魅力がありすぎるので、「来るな」と言われないのなら、すぐにも行きたい。田舎にいるほうが、コロナに罹るリスクも低いわけですし。
　しかし、田舎からすると、都会ナンバーの車から降りてきた人を、ついつい病原菌みたいに扱ってしまいたくなる。これはもう、東日本大震災の直後、福島の人を「被ばくするから来るな」と、まったく科学的な根拠もないのにいじめたしっぺ返しが今、東京の人にきているとしか考えられません。しかも今回の場合は、東京人を避けたがることに科学的根拠がないわけではないので、なおさらつらいところです。

寺本　確かに、３・11の後は、福島から東京に引っ越してきた子どもがいじめにあったなんていうニュースが多くありましたよね。今も完全にはなくなっていないのでしょう……。いつも、いじめるのは都会人側で、いじめられるのは田舎者側だったけれど、それが今初めて、逆になっているように感じます。

邑南町の美味しいものを東京に売り込むべく、邑南町東京事務所や〈にっぽんA級グルメのまち連合〉事務局で、もうずっと一緒に僕と仕事をしてきた岡田常務が、今、邑南町に避難して来ているんですけど、彼の車が川崎ナンバーなんですよ。それだけで今、皆びっくりして、避けられたりしていますもんね（その後岡田氏はナンバーを変更しました）。

藻谷 品川ナンバーの車が威張っていたバブル期と、まったく逆になりましたね（笑）。東京でも、歌舞伎町あたりに行くことは避けられるようになっています。道ですれ違う人が咳の一つもすれば、ワッと驚いて後ずさるとかね。

東京なんて、人が密なんだから、近くで誰かが咳くらいはしますよ。ですが、それすらしてはいけない雰囲気になってきました。マスクをしていないと、相当嫌な顔をされます。島国的な市民感覚が、東京ですら色濃く出始めつつあります。

寺本　人間にはそういう恐怖に伴う意識がもともとあるのは知っていましたが、今回のことで、〇〇警察なんていうネット用語を、子どもさえも使うようになってよりはっきりしました。

藻谷　差別意識というか、よそ者、異質な者への警戒感というか。これは、孤立した島国という日本の地政学的な背景から生まれた面もあります。人種としての特性とか民族性ではなく、場所が影響しているのです。

白人の国でも、日本と同じく孤立した島であるオーストラリアやニュージーランドは、昔から空港での荷物検査がうるさいんです。入国審査も厳しいし、係官はあまりフレンドリーではありません。入国してから会うオージーのおおらかなイメージとは全然違うんです。何度行ってもそうでした。今回も、外国から帰ってきた人は皆遠くの島に隔離して、陰性が確認されるまで上陸させないという政策をとっています。それでオーストラリアは当初、コロナの抑え込みに成功したのですが、先ほど話した日本のケースと同じで、欧米から帰って来た人たちの管理が甘くなったことから、メルボルンで感染拡大が起きてしまいました。

寺本　邑南町では〈高校の魅力化〉[註3]という事業を進めているのですが、県内外から87名の学生が来てくれているんです。東京とか大阪とか、最初に特別措置が出た地域から来た学生さんは、邑南町に入っていただくときには、最低5日間は別の宿泊施設に入ってもらったんです。住民の命を大切にしていくため、仕方がないのですが……これもなかなか複雑な気持ちになりましたね。疎外感が生まれなければいいなと、できることはしてきましたが。

藻谷　どんな町にも、閉鎖的な人と、そうでない人がいます。閉鎖的な人は、町の人が感染すれば、「それみたことか」「何が〈A級グルメ〉だ」って言い出します。そんな人は日本全体にいて、「東京に中国人なんか入れていたからいけないんだ」と主張する人が大量に出てきています。「欧米人も入れるな」と言う人も、出てくるかもしれない。

一方、現実問題として「日本は人口が減っているんだから、外から来てもらわないと経済は活性化しないよね」「外国人相手に商売するしかないよね」という状況がある。日本を邑南町に、外国人を都会人に置き換えれば、寺本さんの直面する現実そのものです。でも、その場合の「商売する」とは、「楽しんでもらって高い評価とお金をいただく」ということなのです。

註３　**高校の魅力化**
邑南町が推進している「人づくり」プロジェクトの一つ。町内唯一の県立高校「矢上高校」を、邑南町の豊かな土壌のように、人を育てる土づくりとして魅力的にしていこうという取り組み。県内外からの生徒募集、魅力あるカリキュラムづくり、進路支援、学校と地域の関係づくりなどを行う。

地方が〝夕張化〟しないためには？

寺本　そうですね。まさにそれが、〈A級グルメ〉の考え方なのです。美味しいものだけでなく、邑南町を体験してもらいたいと思っています。だから、町ぐるみでおもてなしをしたいんです。

藻谷　たとえば飲食業も、人類がお金を発明して以来の真っ当な職業であり、誇りを持って客をもてなすという産業です。そしてお客様に食べ物を出すという行為自体は、近代産業や貨幣経済が登場するはるか前から、あらゆる地域にある習慣です。そういう習慣に根差した飲食業は、何があってもまた復活せざるを得ません。人間の根幹に訴える魅力があるからです。

そうは言っても、今回のような疫病もあるし、定期的にショックは起きるわけです。外の人を拒んで、非常に狭い範囲の客でやっていると、過疎化して、やがて人がいなくなって、夕張《ゆうばり》[註4]化のリスクがあります。これはリスクというより、もう確定した道です。

夕張化を避けたいのならば、外のお客を入れて人口を増やさないとならない。外の客を入れるとなると、今度は、やれ景気変動だ、やれ富士山が噴火した、やれ北朝鮮がどうなるかわからないということが起こって、その度にお客が一時的な急減を起こす。

これを、ボラティリティ[註5]と言いますが、集客交流産業のようにボラティ

註４　**夕張化**

北海道夕張市は２００７年に、国の管理下で再建を目指す「財政再建団体」に指定された。かつては炭鉱の町として栄えた夕張だが、１９７０年代には基幹産業の消滅にともなう人口減に立ち向かおうとし、インフラの大規模な整備、観光業への投資を行った。しかし公費の膨張を招き、赤字隠しを長く行ってきたため、最終的には市が自由に使える年間収入の８倍にあたる３５３億円を超える負債となっていた。１９９０年代以降、破綻した自治体は他にも多くあるが、隠れ借金を重ねた夕張市の負債額は、群を抜いている。

註５　**ボラティリティ**

価格変動の度合いを示す言葉。商品の価値変動が大きい場合には「ボラティリティが大きい」という。ボラティリティが大きい商品はリスクが高いといわれている。もともとは、為替用語として株価変動率の意味で使われることが多かった。

リティが大きい世界でどう生き残っていくかというと、普通にお客さんの来ている時期にちゃんと高い単価を取って、非常時に備えた蓄積ができるようにしておかないといけないのです。ということで、〈A級グルメ〉は正しかったのですよ。ちゃんと蓄積ができていますからね。

寺本　確かにこの2020年の春、邑南町のレストランは閉鎖状態で、残念な状態になっています。しかし、地域の食材を使う魅力という点から考えたら、悪いことばかりではありません。たとえばふるさと納税に関しては、3月は12倍（前年同月比）になっているんです。それで、緊急事態宣言下、〈A級グルメ連合〉のネットショップを開設したんです。

藻谷　なるほど！

寺本　そうしたら、注文の予約が1日で100件以上ありました。

藻谷　それはお見事です。見事な逆手ビジネスですよ。普段は、邑南まで行かないと食べることのできない食材が、コロナ禍という事情により直販で食べられるわけでしょう。

寺本　特に今、お米が売れています。これまで自宅であまりお米を食べなかった人たち、まあ、今までは外食が多かったんでしょうかね、関東の人からもお米の注文が多いです。ステイホームで、日常的に食べるものにこそ、クオリティの高い、美味しいものを選びたいと思っているのでしょう。それで、今、米がないって農家の皆さんが困っています。これは嬉しい悲鳴です。

藻谷　早くも売り切れですか！〈Ａ級グルメ〉というブランドを立てたことが大きいですよ。

寺本　〈Ａ級グルメ〉は、基本的にはこちらに来てもらって、こちらで食べていただくのがコンセプトなのですが、こういう非常事態だと、発想の転換で、オンライン販売みたいな方向に切り替えていくしかなかったんです。もちろん、理想は来て食べてもらうということですが。

藻谷　当然のことながら現実には、行って食べたほうが美味しいのです。地元食材は、地元の水で調理するかしないかで味が変わります。空気も景色も、味の重要な要素ですし。ですが今後も、食材が余れば通販に回せばいい。つまり、〈A級グルメ〉と通販はバッティングしない。通販で知って、それで現地に出かける人も増えます。そうなったら生産ももっと増やせるかもしれない。寺本さん、〈A級グルメ〉という、通販にも通用するブランドを作っておいて正解でしたね。

寺本　当時、16年前に〈みずほスタイル〉[註6]を始めたときに比べて、石見和牛《いわみわぎゅう》なんて値段が3割程度の増額になっているんです。15年間気づかなかったのですが、ここにきてようやく〈A級グルメ〉というブランドが、各産物を助けていることに気がつきました。それは素直に嬉しいですね。

藻谷　東京の飲食店は多くの店が今、持ち帰りで営業をやっているわけですけど、当然のことながら、毎日同じ店のものをお持ち帰りしたくはないですよね。それに、飲食店で食べるのと、持ち帰りで食べるのとでは味がまったく違うわけです。ラーメンなんか、家で茹でて同じ味になるわけがない。でも〈A級グルメ〉の素材を通販で買うのであれば、もっとステイホームを楽しめますよね。

寺本　邑南町はもともと、夜に強い店は少なかったんですよ。そのせいか、テイクアウトにも対応が早かったし、状況次第では、もっとうまく対応できる店が増えるんじゃないかと思うんです。

註６　**〈みずほスタイル〉**
邑南町の逸品を紹介するネットショップ。www.mizuho-style.com

藻谷　飲食店に逆風が吹く時代になって、自前のいい食材を通販で売れる地域と、全国から食材を集めて調理している東京との間に、有利不利の差が出てきました。

ですが食材を持っている地域であっても、いい食材を東京のプロ相手に卸すというビジネスモデルだけでやってきていた場合、東京の飲食店が不振になったことで大きな打撃を受けています。東京の居酒屋専属で食材を出していた地域ほど、農家や漁師にも悪影響が及んでいますね。

寺本　実際、邑南町でも酒屋さんは苦労していますね……町には、酒蔵が3つあるんですけど、地酒離れが町内では以前より進んでいます。

一方、都会のいい居酒屋やレストランでは、地酒ブームがあったので、それで回っていたのですが、今回のコロナで困ってしまっています。

でも、なんとかアイディアを出して、切り替えていかないと。たとえば、邑南町には「死神」というブランド酒を作っている加茂福《かもふく》酒造があるのですが、ゴールデンウィーク明けから、高濃度アルコール消毒液を作って、町内の介護施設や福祉施設に販売を始めました。「邑南町は福祉を大切にする町だから」とこの酒造の社長が提案してくれたのです。

藻谷さんの仰る通り、新たなビジネスモデルに勝てる地域と、そうでない地域というのが、コロナの影響でより鮮明になってくるのではないかと思います。しかしこの先、勝ち続けるために、どうすればいいのか……。

藻谷

邑南町の酒も、東京では一部のマニアックな酒店とかデパートとかでは売っていたわけですけど、スーパーでは売っていません。デパートの食品売り場が閉まると、買えなくなる酒がいっぱいあるわけです。私も、気に入っていて、助けてあげようとしていた酒蔵のお酒が手に入らなくなりました。スーパーとかにも商品を出していたところと、スーパーに出すほどの量を作っていない酒蔵とで差がついてしまった。しかしこういうときだからこそ、スーパーには出せない希少な地酒の販路を、通販でも開拓しなければなりません。

たとえば「今年限定の、花見客がいない夜桜の光景」をネットなどで中継して、地酒とつまみをセット販売すればよかったですね。桜だけではなく川角《かいずみ》（邑南町内の旧羽須美村内にある集落）の花桃なんかも、今年もさぞきれいだったでしょうから、何か活かせなかったでしょうか。

ふるさと納税と給付金

寺本　もう一つ考えていることがあるんです。僕は今、給付金の担当もしているのですが、ふるさと納税は、実は地元の町民でも寄付できるということを強くアピールしていこうと思うんです。何も、「必ず10万を寄付しろ」と言っているわけではないのですが、「10万円が振り込まれたら寄付したい」と言ってくれる人も結構多いのです。だからこれに関しては、政府はいいことしてくれたんじゃないかなと個人的には思っています。これをもう1回、2回とやってくれればいいのですが。

これを契機にベーシックインカム[註7]を政府に検討してもらいたいです。そうすれば、自治体の行財政改革は急速に進むはずです。ドイツでは、本格的に導入実験[註8]が始まったようですが。邑南町のような高齢化率44・5％の町は、年金でほぼベーシックインカム化していると言えるのかもしれませんが、国が一定の金額を国民に支給すれば、最低限生活にかかる費用は賄うことができるはずです。さらにベーシックインカムは、田舎の大家族で生活している人のほうが都会の一人暮らしや核家族の暮らしよりも、かな

註７　**ベーシックインカム**
生活保護などの社会保障とは別に、国が最低限生活に必要な金額を配ってくれる制度のこと。貧困や少子化の対策になる他、社会に公平に保障が分配される、社会保険制度が簡潔になるなどのメリットが挙げられている。反面、労働意欲がそがれ、アルコールやギャンブルの依存症患者が増加するのではないか、そもそもその財源をどうするのかなど、課題も多い。

註８　**ドイツでは本格的に導入実験**
ベーシックインカム制度は、ヨーロッパの多くの国で導入を議論されている。ドイツでは２０２０年８月中旬から、今後３年間でベーシックインカム制度がどのくらい機能するかを明らかにするための実証実験が開始された。この実験に18歳以上のドイツ永住者が１００万人申し込んだ時点でそこから１２０人を選び、２０２１年春から支払いがスタートする。１２０人に毎月１２００ユーロ（約15万円）を３年間払い続けるためには、６億５０００万円の予算が必要となる。実験はベーシックインカム支援団体「基礎所得協会」とドイツ経済研究所が行うという。

り有利になるんじゃないかと考えます。

藻谷　「ふるさと創生1億円」[註9]もそうでしたが、いい使い方をするケースと悪い使い方をするケースが同時に起きてしまう……場合によっては、パチンコ店とかめちゃくちゃ繁盛するかもしれないですね。他方で、緊急事態宣言が延長されている間に何回か給付金が配られれば、通販には、明らかにいい結果が出ます。

同じく、少しなら寄付しようという動きも出てくると思います。私の場合も、民間の財団が困っている地域事業者を支援する寄付メニューを設けていたので、自分の給付金は寄付してしまいました。でも、そうなると寺本さんは事務処理が増えて大変じゃないのですか？

寺本　三密にならない配り方をしなくてはいけませんよね。政府が行ったのはオンラインと郵便。実際、郵送の中身を見ると、免許証とマイナンバーカードのコピーを貼りつけて申請するんです。でも、邑南町の町民で、コピー機持っている人がどれだけいるんだって話です。都会のようにそこかしこにコンビニがあるわけではないですし。

藻谷　コピー機の前が三密になってしまう。

寺本　だから、公民館でコピーを無料でしてあげて、自分で郵送してくれとアナウンスしています。１万人くらいの人口規模の邑南町なら、それが一番効率がよくて、三密にならないのです。

さらに役場と商工会、社会福祉協議会が一緒になって、〈コロナ救済お金の窓口〉というワンストップサービス[註10]の窓口を役場内に設置しました。

註9　ふるさと創生1億円
昭和の終わりから平成の初めにかけて、竹下登内閣の主導のもと、地域振興を目的に全国３０００余りの市町村に一律1億円が配られたもの。使い道は市町村の自由とされた。当時はバブルの追い風もあり、温泉掘削など誘客のテコ入れに使う自治体が相次ぎ、村営キャバレーや日本一長い滑り台などの珍事業も乱立し、自治体の知性の差が問われる結果となった。

新型コロナウイルスの影響を受けて、事業の収益減および個人の収入減となった事業所や住民の方を対象に、困った人が相談できる窓口です。
この取り組みによって、邑南町では今回のコロナ禍による収入減を個人で悩まなくてもよいシステムが構築されつつあります。

藻谷　素晴らしいですね。東京で同じことをしようとすれば、一番必要がある人が申請しないという状態になる。

寺本　アナウンスしないと、邑南町でも3割くらいの人は給付金制度を知らないって言っていました。

藻谷　それは驚きです。

寺本　だから、ケーブルテレビを使ったり、それに邑南町は町民全員の顔がわかる規模なので、申請できてない人は、3ヵ月間期間があるので、そこでもう一度手紙を送ったり、公民館で説明したり、めちゃめちゃ親切にやっています。

東京や大阪の市町村でそういう行政ができるかといえば、絶対にできないですよね？　住民の顔がわかる規模の町のほうが、こうした危機的状況には強いのです。結果、島根の県庁所在地である松江市は6月5日から市民に振り込みが始まったのに対し、我が邑南町では6月5日の時点で91％の給付が完了となりました。

藻谷　そうなんですよ。東京では、給付金をもらい損ねる人がたくさん出てくるのが今からもう、わかっています。そういう人に限って、本当はお金を必要としていてしかもインチキはしない、心正しい庶民なのですが。

註10　**ワンストップサービス**
複数の場所や、複数の担当者に分散していた手続きやサービスなどを、１ヵ所でまとめてできるようにしたもの。「たらいまわし」という悪い慣例を払拭し、行政や企業が、関連する手続きの窓口を一本化する顧客サービスのことをいう。

寺本　僕は人口約1万人の町の職員ですから、明確に困っている人の顔が見えるのです。かたや、自分の給料はまったく下がっていない。今後は下がっていくことも予想されますが、今は下がっていない状況です。これは、公務員の給与は、民間の給料ベースで確定していくものだからです。
すぐに必要な人の顔が見えるからこそ、職員の誰もが町の人を助けたいと思っているんです。これが、地方のよさだと思うし、行政と住民がめちゃくちゃ近い今の邑南町役場のことを好きだなって思うんです。

藻谷　その感覚は、多分人口約1万人の町が限界でしょうね。それでも、邑南町は3つの町村が合併してできた町なのに、非常によくやっている。合併してもなお、生活の基本になっている集落の単位でものを考えられるというベースがあるからなのでしょうね。

人口約１万人の町だからできること

寺本

邑南町のいいところは、12地区に分かれていて、それぞれを公民館で管理する自治区みたいな形をとっているところです。住民にリーダー的存在ができてきて、地区によっては、すべての人の顔がわかる状態ですから。12地区は昭和の大合併[註11]以前の町単位がベースなのですが、その自治区がまとまって邑南町になっているんです。

僕は、今まで邑南町でやってきたことが、この新型コロナの騒ぎになって試されている、そして、その成果が確実に出ているとも思います。

註11　**昭和の大合併**
１９５０年代に実施された政府による町村合併促進政策のこと。明治時代、１８８９年に江戸時代から存在していた自治体が統廃合されて、１万６０００市町村にまで減少したのが明治の大合併。その後、「町村合併促進法（１９５３年）」、「新市町村建設促進法（１９５６年）」を経て、１９６１年に市町数は約３分の１になった。これをいわゆる昭和の大合併という。

藻谷　「総論[註12]」を語っていてもわからない、現場からしかわからない事実ですよね。あるとき、知り合いから、「平成の大合併をしたところは皆ダメになっていますよね、合併しなきゃよかったのに」とメールがきました。こういうのが総論なのですが、総論には例外がいっぱいあるので、「皆ダメ」というような決めつけはしてはいけないのです。「ダメになったところが多いですよね」くらいにしておかないと。

確かに、余計な合併をして酷《ひど》いことになっている事例はいくらでもあります。合併しなかったことで独自路線を貫けた成功例も多いです。ですが邑南町のように、合併をうまく活かしている町だってあるのです。

邑南町のように、合併の弊害を抑え、新たなブランドを構築できている町には、共通点があります。公民館単位なり小中学校の校区単位なりでの活動が強化されていて、かつ、町全体で取り組むテーマが別にあるということです。邑南町同様に私の注目している岡山県の真庭《まにわ》市も、9町村の合併した岡山県最大の自治体ですが、再生可能エネルギーやリサイクルを重視する「バイオマスタウン」という共通テーマを持って連携しています。「みんな違って、みんないい」を目指せるかどうかが重要で、皆が同じにしようとすれば失敗します。

邑南町の場合、町全体よりも、３つあった旧町村単位よりも、12ある公民館単位のほうが、暮らしの基本ですよね。それを守るために、歯を食いしばって、小中学校統廃合にも手をつけていません。他方で〈A級グルメ〉とか、公立邑智病院[註13]を守ろうとか、矢上高校[註14]を盛り上げようとか、道の駅の活性化とか、町全体で頑張っているテーマがあります。後者には、合併したからこそのより大きい土俵で取り組めている。これが合併を活か

註12　**総論**
内容を全体的に捉えて述べたもの。反対語は各論。

註13　**公立邑智病院**
島根県のほぼ中央に位置する邑智郡を構成する3町（美郷町、川本町、邑南町）が共同で運営する組合立の病院。邑智郡内で唯一の救急告示病院として、１９８３年に開業。現在10科、急性期一般病床57床・地域包括ケア病床41床の98床。敷地内には緊急搬送用ヘリポートもある。

すやり方です。

寺本　邑南町では、〈耕すシェフ〉[註15]といって料理人を育成しているんです。希望者が全国から邑南町へ移住してきて、3年間でプロの料理人を目指してもらう仕組みです。

それで今、医療崩壊が一番大きな問題だという共通認識の中で、〈耕すシェフ〉と、公立邑智病院が提携しているんですよ。もし病院の調理場が院内感染などで機能しなくなったら、〈耕すシェフ〉が助けに行こう。もし病院の厨房《ちゅうぼう》が使えなくなったら、レストラン〈香夢里〉のキッチンで調理して、邑智病院に仕出しを出していこうとシミュレーションしています。そういった意味では、移住してきた人も、町のために協力したいと心から思ってくれているんです。それがありがたいですね。

藻谷　地域医療と移住促進政策が連携しているという、そういう事例は初めて聞きました。縦割りになっている国の制度に従って、町役場の中まで縦割りになりがちなのですが、地域で横串を刺すのは大事ですよね。

入院設備のある病院とか介護施設といった、食事を提供する施設は、コロナ禍の下ではピンチです。介護クラスターの多くは食事の際の感染から発生していますからね。そのピンチの部分を異業種連携で補うという話は、東京では聞いたことがありません。病院どころか、都会では重要な役割を果たしている子ども食堂[註16]も休止してしまい、学校が休みの間、食事を満足に食べられない子どもたちが出ています。ちょっとお金の流れを工夫すれ

註14　**矢上高校**

邑南町唯一の県立高校。やかみ高校と読む。１９４８年に県立高校化される。２０２０年現在、1学年普通科２クラス、産業技術科1クラス、全校生徒２４６名。２０１８年度に創立70周年を迎えた。邑南町のプロジェクト〈高校の魅力化〉の対象校。

註15　**〈耕すシェフ〉**

邑南町で展開しているプロジェクトの一つ。邑南町では、農林業の資源を活用して産業の振興を図るために、「邑南町農林商工等連携ビジョン」を策定。このビジョンに掲げられた〈Ａ級グルメ立町〉の実現のための施策の一つで、若手の料理愛好家やシェフを募り、邑南町での起業を目的に育成していこうというもの。

ば、飲食店の人が腕をふるう機会が多々作れるはずなんですが。

寺本　仰る通りで、邑南町長は、病院だけでなく、介護施設の調理場も非常に心配だということで、町内の飲食店組合があるので、その組合と介護福祉施設の連携もやっていこうと考えています。

そういった意味では、地方って、飲食店で働きながら介護福祉施設でも働けたりとか、いろいろなところでお金が稼げたりっていうメリットがある。皆の顔がわかる規模で地域の中で関係性ができているからですが、それがいいのかなと思います。

藻谷　寺本さんのお話を聞いていると、邑南町が体現している「小規模の利益」「一人多役」のモデルが、これって「大規模の利益」や「分業徹底」という都会の原理の反対なのですが、いろいろなリスクに強いことがわかります。顔が見える関係で楽しく生きることができて、かつそれが閉鎖された田舎のイメージではなくて非常にオープンですね。外にマーケットを持ったり、外の人を受け入れたりして交流しながら生きていけるというのは、東京の人から見たら驚きの状態ですよ。

縦割り行政とエゴに走る民間企業

寺本　東京って、医療も介護も設備も整っているのかもしれないけど、住民同士がお互いのことを把握できていないと思うんです。副業もなかなか難しそうですし。

藻谷　住民同士どころか、組織対組織でも繋がりがありません。

註16　**子ども食堂**
地域住民や自治体が主導し、無料または低価格で子どもたちに食事を提供するコミュニティの場のこと。帰りの遅い会社員の家族なども利用できるなど、地域住民のコミュニケーションの場としても機能している。２０１２年に、東京都大田区の八百屋さんが、地域の子どもたちのために開設したのが始まりとされる。

東京で医療崩壊危機が起きたのは、さっきも言ったように、病床の1・2%しか感染症患者の受け入れに使っていないからなんです。では、残りの98・8%の病床はどうしているか。コロナ陽性者は受け入れていません。そして、東京の、コロナ陽性者を受け入れていない病院がどうなっているかというと、がら空きなんです。〝客〟が来なくて、経営がピンチになっている（2021年1月下旬現在、東京都では病床の5%がコロナ陽性者を受け入れているが、他の95%の病床に閑古鳥が鳴いている状況は同じ）。

寺本　まるで落語みたいな話ですよね。病気が流行しているから、病院に人が来なくなるなんて。

藻谷　落語が現実になってしまいました。感染を怖がって、普通の病院での受診も避ける人が多いのです。だからといってコロナ陽性者を受け入れれば、感染防止のための基本的な設備や装備が足りないので、スタッフが感染する危険が高くなります。入院中の重病患者や高齢者にとっても、命にかかわる問題です。ですから踏み切れません。

寺本　結局、すでにいる患者さんを守るために、コロナ陽性者を受け入れないという病院が多いんですね。

藻谷　そうです。患者とスタッフを守るためです。

しかし小さい町だったら、たとえば病院が2院あった場合に、両方に町長が直談判して、どちらが受け入れてくれますかねと話ができる。お互い顔が見えているので、組織と組織を繋ぎやすいのです。

ドイツの場合、病院の多くが公営なので、どこがコロナ患者を受け入れるか、どうバックアップするか、連携が進めやすいと聞きます。国内の総病床数は日本よりずっと少なく、人口あたりのコロナでの死者数は日本の十数倍もあるのに、半分以上の病院がコロナ陽性者を受け入れている結果、医療崩壊は起きていません。コロナ以外の重病患者は安全な病院に移し、防護服はコロナ対応の病院に集めます。

ですが日本では、特に大都市では、民間病院が主流のため、そういう連携はできていません。縦割りの行政とエゴに走る民間の悪い組み合わせで、全体最適を目指す仕組みがないのです。邑南町では、日本のそうした悪いところを、地域で頑張るという意識に補正されていますね。

寺本　邑南町も、独居の住民は多いのです。それで、PCR検査を受けるとなったら、病院に行くときに独居の人を誰が搬送するのかという議題が先日の会議で上がりました。議論を重ねた結果、役場職員で搬送するしかないということになったんです。では、実際に誰がやるのか？　役場内で公募をかけようという話になりました。町役場の職員が、独居のおじいちゃん、おばあちゃんのところへ行って、検査所まで運ぶ役を担うのです。防護服を着てやるんですけど、着るのにもガウンテクニック[註17]というのが必要で、その研修会も役場内でやりました。

　感染するのは怖いとは言うけど、やはり顔が見える関係だと、そういうことができるのです。全員というわけではないですけど、やりたいって手を挙げる職員が必ず出るんです。そういう光景を見ると、人間もまだまだ捨てたもんじゃないなって思うんですよ。

藻谷　邑南町の役場職員も捨てたものじゃないですね！　老親や幼い子どもと暮らしていれば、ちょっと手を挙げにくいですよね。でもそうではない、こういうときこそ活躍できる身軽な人もいるのです。

どの組織にも、平時にはボンクラ扱いされていても、非常時に役に立つ大石内蔵助《おおいしくらのすけ》註18みたいな人がいるのです。本来なら、大石内蔵助が輝くのはよくない。主人が殺されたから活躍したのであって、本来は昼行灯《ひるあんどん》註19のまま人生をまっとうすべきだったんだけど。邑南町は、役場の中に平時に働く人と、平時は昼行灯の大石内蔵助の両方がいたわけです。

都会では、人数が多すぎて、自分のビジネスのことしか考えられなくな

註17　**ガウンテクニック**
感染症対策として、個人用防護具を着脱するときの注意事項のこと。着脱の方法から着脱の順番、着脱のタイミングまで細かく規定がある。

ってしまいます。「それは私の仕事でも役割でもないので、救護隊員の人が行ってくださいよ」となってしまいます。スタンドプレーをしないし、許されない。しかし本当は、病院の現場には、医師として、看護師として、「今、我々がコロナ患者を受け入れないでどうするんだ？」って正義感に燃えている人はたくさんいるはずなのです。

だけど、言い出すと責任が取れないから、言わないだけで。自分の病院が本当に今やるべきなのか、他の病院は今どうしているのか、わからないのですよ。

しかし、邑南町のサイズだと、それがわかる。自分に今、本当に求められている仕事は何か。やるべきことは何か。それをわかるかわからないかは、サイズの問題なのです。

寺本　はい、町のサイズってすごく重要だと今回のことで本当に思いました。

藻谷　世界を制覇した13世紀のモンゴル軍には、「１００人隊長」という制度があったそうです。「人は一人で最大１００人しか掌握《しょうあく》できない」という原則にもとづいたシステムです。１００人隊長を１００人束ねるのが将軍で、１００人隊長を介して1万人を将軍が動かす。ちなみに邑南町役場の職員数は？　１００人？

寺本　２００人くらいです。

註18　**大石内蔵助**
本名大石良雄。播州赤穂藩の筆頭家老。何もなければ裕福で穏やかな生活ができたはずが、1701年に主君・浅野内匠頭が江戸城の廊下にて、吉良上野介の態度に腹を立て、斬りつけるという殿中刃傷事件を起こす。浅野内匠頭は即日切腹。藩はお取り潰しとなり藩士は皆、浪人になる。主君の恨みを晴らすために大石内蔵助は赤穂浪士47人を引き連れ、吉良邸に討ち入る。上野介を討ち取り、泉岳寺にある主君の墓に仇討ちを報告するも、赤穂浪士は全員切腹。その後、全員が主君と同じ泉岳寺に眠る。

註19　**昼行灯**
「明るい昼に行灯（照明器具）を点けても役に立たない」ということが由来になった言葉で、役に立たない人、ぼんやりした人間、ヘラヘラしたやつ、といった意味。

藻谷　ちょっと多いですね（笑）。しかし日本は、上位者が部下を手取り足取りコントロールする国ではなく、部下が自主的に仕事する国なので、それでも回るかもしれません。昨年（２０１９年）、忖度《そんたく》という言葉が流行しましたが、日本人って、すごく忖度能力が高いので、組織行動は得意です。

寺本　忖度するわけではありませんが、僕たちのトップである石橋町長[註20]のコロナ対策って、他の自治体よりすごく早くから始めていて、絶対に邑南町には感染者を出さないぞっていう決意は、職員にちゃんと伝わってきていたんです。すごいなって思いました。

藻谷　あの町長は、実は大石内蔵助だったのかな。非常時に強い人だったんだ……。いや、平時も大変なアイディアマンですが。

寺本　邑南町では、無線放送があって、町民のほとんどがこれを聞くんですけど、学校の休校に関しては、ちゃんと教育長が無線放送しているんです。「三密がよくない」とか、「手を洗え」っていうのは、石原院長（公立邑智病院名誉院長）が医療アドバイザーとしてしっかりやっているんです。

藻谷　石原さんが言うとやっぱり迫力あるわけですか？

寺本　町長が言うだけでなく、それぞれの専門分野のトップが放送するんです。僕、これはすごく町民の危機管理ができているなって思うんです。

皆に長年慕われている病院の元院長が「手を洗え！」って言うのと、僕が言うのとでは、説得力が違いすぎるでしょう。それに石原さんは、すごく面白いキャラクターで、たとえば、「目くそ、鼻くそ、ウンコがついて

註20　**石橋町長**
邑南町の町長、石橋良治氏。１９９１年より石見町議会議員、１９９９年から島根県議会議員、２００４年より現職で、現在５期目。２０１９年度のテーマは、「めざせ！　人づくり、仕事づくり、安全づくり　Ａ級のまちを！」

いると思って手を洗え！」って放送しちゃうんですよ。そうすると、子どもももっと手を洗わなければという気持ちになる。それが町内放送で流れるんだから。こんなこと、都会じゃ絶対言えないですよ。

藻谷　これは面白い！　こんなに面白いのに今、東京に閉じ込められて、現場に見聞きしに行けないなんて！

そういう郷土防衛意識の高い人たちほど、安全となったら「ようし、客取ってくるぞ」とか「売ってくるぞ」とか前向きにもなりますよね。物騒な喩《たと》えですが、強靭《きょうじん》な組織にはちょっと軍隊みたいなところがある。攻めるのか、退くのかといった、場面ごとでの徹底がちゃんとできているリーダーがいるのは大切です。攻められているときに、チョロチョロ出て行って討ち取られるみたいなマネはしないぞと。

都会暮らしは、家賃の奴隷

寺本　ところで今（2020年5月2日）、東京ってどんな雰囲気なんですか？

藻谷　東京の雰囲気ですか。都心は閑散としてます。死の町みたいな感じすらしますね。でも郊外に一歩外れると、場所によっては人がすごく大勢いるんです。それこそ三密になって出歩いています。公園にも商店街にも。都心に通勤通学しない分、近所がごった返している。スーパーに入るのにも、大渋滞です。

寺本　東京の飲食店はどうなんですか？

藻谷　自粛要請が出ていますが、恐ろしいことに営業している店も多いですね。でも、客はあまりいないようです。
　私の家は渋谷まで歩いて15分なので、ちょっと前に、深夜の渋谷を歩き回ってみました。キャバクラとかガールズバーとかの勧誘だと思いますが、10分くらいの間に、10人くらいのお姉さんから次々に声をかけられ、びっくりしました。普段だったら、パッと見て「このシケたオヤジは客ではないな」とわかるのでしょう、まずもって声はかからないですから。よほど客がいないのでしょうが、それでも営業せざるを得ない状態なのでしょうか。そんな場所にのこのこ行く怖いもの知らずの客に限って、行く前に感染している可能性も高いでしょうから、やっているほうが気の毒です。

寺本　真面目な話、今、飲食店って、東京でも壊滅状態じゃないですか。国の補助金って、持続化給付金が個人事業主で100万円、法人で200万円ですよね。あと、事業者が従業員を1人も解雇しなかった場合、一人あたり1日8330円（その後引き上げられて1万5000円）を上限に休業手当、賃金などの一部を助成する雇用調整助成金がありますけど、東京の飲食店は家賃がすごく高いじゃないですか。ということはもう絶対、経営できない店も出てきます。そんな飲食店を経営している人たちってこれからどうなっていくと思いますか？

藻谷　戦後の大都市の急成長で一番儲けたのは都会の家主です。自民党の政治も、田舎では土木行政だとか施設バラマキだとかいろいろあるのですが、都会では「家主政治」と一言で総括できます。庶民の給料も、中小零細事業者がいろいろ努力して稼いだお金も、結局は家主に流れる仕組みになっています。

地方の家主が食えた時代は、人口減少時代になってさすがに終わりましたが、都会ではほとんどがまだ、旧態依然の意識でふんぞりかえっている。外車なんか乗り回して、あおり運転をして逮捕されたりしている連中も、職業を見ると「会社役員」とかが多いのですが、その多くは家主のボンクラ息子です。彼ら家主階級は、自分自身では経営努力をする習慣も自覚もないので、家賃が払えないテナントは追い出して、次が来るのを待ちます。かつて地方都市の商店街は、それで次が来ないまま空き店舗だらけになってダメになったのですが、都会の多くの場所で、これから同じことが起きていきそうです。

もともと東京の飲食店は、供給過剰でしたから、家賃を払えずにそのままやめてしまうところも出てくるでしょう。

寺本 どのくらいの飲食店がやめると予測していますか？

藻谷 東京だと1割、かな。2割はいかないような気がします。

寺本 え、それだけしか減らないんですか？ もっとたくさんの店が潰れるのかと思っていました。

藻谷 家賃奴隷のようになりながらも、生き甲斐を守るためにやめない人もいますし、自前の不動産を持っている人もいる。さらには、個人ではなくサラリーマン企業が家主のテナントビルの場合には、家賃の値下げもしてきます。そうしたせめぎあいの中、皆が儲けを減らす形で均衡が生まれるでしょう。やめないけれど半死半生《はんしはんしょう》、という飲食店は増えます。

私は、家主が家賃を割り引いた場合、固定資産税[註21]を減免するという扱いをするべきだと考えます。ある財界人は、「固定資産税の徴収を1年間猶予してはどうか」と言っていました。家賃を下げる代わりに、それに相当する固定資産税を割り引くわけです。納税に例外を作りたくない税務当局は、政治家がよほど真剣に動かない限りやろうとしないでしょうが。

そもそも、家主にも建設資金の借金があったりします。家賃を猶予する代わりに銀行に返済猶予をさせる仕組みはできないものでしょうか。銀行にしてみれば、返済猶予をして不良債権比率が高くなるのは困るのですが、「コロナ禍に関連する返済猶予を行っても、不良債権には算入しないでよい」という仕組みにすれば、銀行も喜んで応じる場合が多いでしょう。

そういった小手先のことを重ねるだけでも、少しずつスポンジが潰れる

註21　**固定資産税**

固定資産税とは、土地や建物、償却資産などにかかる地方税のこと。支払いの義務は、市町村の固定資産課税台帳などに所有者として記載されている人が負う。土地には宅地の他に田畑、山林、牧場、原野などが含まれ、建物には住宅、店舗、工場、倉庫などが含まれる。税率は基本的には1・4％だが、市町村によってそれ以上に設定することもできる。

ように、皆で衝撃をカバーできるのです。

ですが大都市の住人や大組織の構成員ほど、自分の目の前の部分最適しか考えない傾向があります。「税金は払え」「借入金返済は猶予しない」となれば、家主も家賃を下げられない。そうなると店が潰れて、結局皆が損をするのですが、誰も自分がそれを食い止めるべき立場だと思わない。

しかし、寺本さん、東京の飲食店の1割って、相当な店舗数ですよ。

寺本　そうですよね。今、藻谷さんが言っているようなことを早くやってあげればいいのに……。

藻谷　最初に自粛を言い出したときからやらなければいけなかったんですよ。特に夜の街には。渋谷に客引きがいるということは、そうした店が営業しているということです。

そして今、夜の街で働いているのは、それでもリスクをとって働かざるを得ない、宵越《よいご》しのお金のない人たちです。彼女たちに、とりあえず10万円でいいから渡して、それで食い繋いでいる間に店を閉めさせなければいけなかったと思うのですが。

寺本　企業は消費税を納めなければならないじゃないですか。もし消費税を免除してあげたら、10万円配るって話にもならなかったんじゃないかと思うのですけど……。

藻谷　消費税の納税は、通常ですと昨年分が４月中旬に自動引き落としになります。昨年の利益の10％を、よりによってこの状況下で口座から引かれるというのでは、昨年真面目に商売して、真面目に税務申告した会社や個人事業者ほど困りますよね。それは停止しないとまずいと、私もいろいろな

註22　**１ヵ月だけ延期に応じた**
延期１ヵ月後の５月中旬には２０１９年分の消費税が引き落とされた。マスコミ関係者の多くはサラリーマンで消費税納税事業者でないためか話題にならなかったが、多くの中小零細事業者の資金繰りに悪影響があったものと懸念される。

方面に提言しました。そうしないと、納税倒産が激増しますよね。今回はさすがの財務省も1ヵ月だけ延期に応じたようです。[22]

税金は徴収しておいて、休業補償金は出さずでは、普通は企業が言うことを聞くはずはありません。そこで政府がどうしているかと言えば、社会的な圧力を使っているわけです。パチンコ屋が要請に応じないとなると、店名を公表する。するとその店に抗議の電話が殺到して、いたたまれなくなって休業するという流れ。まるでヤクザみたいなやり方です。

東京に住んでいる人もほぼ日本人で、一皮むけば本性は田舎と変わりありません。しかも抗議電話とかメールは匿名なので、誰が相手かわかる田舎の村八分よりもさらに怖いものがあります。言っているのが誰なのかわかるリアルの世界では少しは自制も期待できますが、ネットや抗議電話などの匿名の世界の陰湿さは、今や田舎どころではない。

本来、東京みたいな場所では「お金を払って閉めてもらう」ってバシッと明言しなくてはいけない。国がやらずに、都知事や市長、区長に権限を渡してやらせたほうがよかったんでしょうね。それこそ渋谷区長あたりが

「渋谷区内の飲食店は閉めます。国に金がないから、都から金を出します。そうすれば渋谷の復活は早くなります」と言えばよかったのです。

寺本さんから邑南町の話を聞いていてつくづく思うのですが、国でもない、市でもない、町などの現場レベルに権限と行動力があったほうがいい。住宅地がメインの練馬区と、繁華街を抱えた渋谷区とでは、やらなくてはならない対応が違いますからね。地域特性を無視して全国一律では、物事は動きません。

寺本　邑南町の人は、広島に出ることが多かったのですが、今は、病院とか、不要不急以外ではほとんど出ていないんですよ。それを浸透させられるところが、地方のいいところかなって。

藻谷　広島に行かなくなると、広島で使うはずだったお金を邑南町で使う人も出てきますよね。

寺本　だから、小売店の一部は売り上げが好調なのです。町内にスーパーと呼べる店舗が３軒くらいありますが、三密状態になりそうなんです。今まで町外で買っていた人が、皆地元のスーパーに行くようになったので。

インバウンドは復活するのか？

藻谷　過疎地が失ってきたものを今、取り戻しつつある。インフローに関しては、通販である程度稼げるということで、最低限はあるということですから、そのお金を町内で回せれば、以前以上に健康に持ちこたえられます。邑南町みたいに、ちゃんとブランドを作っていたところであれば。

寺本　２０２０年は、オリンピックが予定されていたりして、この前までは都会の景気がよかったじゃないですか。料理人の希望者がめちゃくちゃ増えていたんです。

藻谷　これで来年（２０２１年）、オリンピックが中止になったりすると、東京の飲食店はますます窮地に陥ります。もともと供給過剰だったところを、インバウンド[註23]でかろうじて救われていたのですから。インバウンドが回復しない限り厳しいです。だから、インバウンドが極端に遅れた島根県のような場所こそが今、有利になっているというのは、皮肉でもありますね。

寺本　藻谷さんは、これからはインバウンドの時代だよってよく言ってくれていたのですが、邑南町はインバウンドとは無縁でした。だから、国内需要が戻ると、早い段階で邑南町は立ち直れるんじゃないかなと思っているんです。

藻谷　しかし、インバウンド需要も、必ず復活しますよ。

註23　**インバウンド**
主に日本の観光業界において、外国人の訪日旅行あるいは訪日外国人観光客などの意味で使われる。

なぜなら、お隣にほぼ無傷で事態を収束させている中国と台湾があり、東南アジアもインドネシア、フィリピン以外はどうにかなっている。横に20億の、世界でもっともコロナ感染を防げたにもかかわらず今は自分の国のなかに逼塞《ひっそく》している人たちがいるわけです。彼らの中には、この春に見るつもりだった日本の桜を見られなくて、蕁麻疹《じんましん》が出ているような人も何十万人もいますよ。ジャパンロスは、アジアに静かに拡大しているのです。

寺本　自動車会社とか航空会社はどうですか。航空会社って今、9割くらい客が減っているわけじゃないですか。経営がうまくいかなくなって、復活したときは航空券がめちゃくちゃ高くなるんですか。

藻谷　ＬＣＣ[註24]から先に潰れていけば、そうなりますね。

寺本　そうすると、身近になっていた海外旅行も、コロナの後は高嶺《たかね》の花みたいになっちゃうのでしょうか。昔のように、富裕層しか行けなくなってしまうとか？

藻谷　ですが、さすがに各国とも、補助金を入れて航空会社を救済する動きになってきています。日本もＪＡＬとＡＮＡを潰すわけにはいきませんから。スカイマークも、多分潰さないと思います。

ウイルスが気にされなくなった後には、反動で旅行熱が高まります。値下げすれば客が増えるとなった段階で、価格は下がるでしょう。〈Ａ級グルメ〉も同じですが、根の深い需要のあるところ、供給は必ず復活するのです。

註24　**ＬＣＣ**
ローコストキャリア（Law-cost Career）、格安航空会社のこと。大手航空会社に比べ、大幅に運賃が低い航空会社の総称。２０２０年10月、ＬＣＣのエアアジア・ジャパンがコロナの影響により事業撤退を発表した。

第3章

「東京にしかないもの」とは何ですか？

上京に憧れなくなった若者たち

藻谷 今回のコロナの件で、私が今、もっとも気になるのは、「この春に就職や進学で東京に出てきた人たちはどうしているのだろう」ということです。

寺本 僕の周りでは、結構早いうちから地元に帰って来ています。上京を断念した人も結構います。ご両親が行かせなかったのです。

藻谷 そうか、行くのをやめた子が結構いるのですね。

寺本 高校も大学もリモート授業になりましたからね。生徒たちは本当につまらないと思いますが。

藻谷 オンライン授業だったら、東京に行く必要がないですよね。そしてタイミング悪く故郷に帰りそびれて、東京で高い家賃を払いながら、学校にも行けず、職場にも行けず、孤独になっている人も結構いるのではないでしょうか。彼らは今、上京したことをどう思っているのでしょう。

寺本　この前、島根県立大学で僕もオンライン授業みたいなことをやったのですが、大学の先生たちは、この状況は長くは続けられないと言っています。

藻谷　大学がオンラインで済むのか？　ということですよね。

キャンパスにいてサークル活動もして、仲間と同じ空気を吸って現場にいるということがすごく重要な時期であって、オンラインで済むのなら放送大学でいいわけです。大学卒業資格はオンラインで取れますしね。だからこそ、ものすごく苦労して支払っている東京の家賃ってなんなの？　という問題が浮き彫りになってくる。

実は、うちは次男が、この１月（２０２０年）から交換留学でタイに行っていたんですが、３月で帰国しました。タイでは、早い時期に感染は止まったのですが、次男の大学からの交換留学生は、日本の大学側の判断で全員が強制帰国になったのです。今、息子は自宅で、タイのクラスメートとＺｏｏｍでグループ学習をやっていますね。Ｚｏｏｍを通して皆で研究して、Ｚｏｏｍで発表会して、教授がＺｏｏｍで評価するという。

彼らは大学3年生だからそれができる面もありますし。2ヵ月間はタイで一緒にやっていて仲良しになっているから可能な面もある。一旦同じ空気を吸って友達になれば、あとはＺｏｏｍでもグループワークができるのでしょうが、そもそも一度も会ったこともない人とは無理ですよね。懇親会ができないところで、サークルというのも難しいですよね。

寺本 Ｚｏｏｍ飲み会している人もいるみたいですけど……。

藻谷 私も、シンガポールにいる知人からお誘いがきて、それをきっかけにいろんな人とＺｏｏｍ飲み会をやってみましたが、情報交換の場としては結構いいです。でも、終わるタイミングがわからなくてダラダラ続くため、疲れます。酒を飲んでいなくても、Ｚｏｏｍ酔いがありますね。長らく画面を見ていると、めまいがしてくるのです。大学でも、先生のほうが限界ではないでしょうか。毎日何人も相手にして、集中力は続きません。

寺本　うちの息子は、この春に高１になったのですが、「お前、大学はどうするんだ？」と聞いたら、「東京に行くことはあり得ない」と言っていました。東京は怖いと言っています。東京は、地震とコロナが怖いって。

藻谷　少なくとも地震の危険はその通りです。わざわざこれから東京に住むというリスクを取って、それに応じた見返りがあるんでしょうか。歴史を振り返れば、関東地震や南海トラフ地震[註1]に、富士山の噴火が連動したケースも多いのです。それだけでも十分怖いのに、それに加えてコロ

註1　**南海トラフ地震**
「トラフ」とは、海底にできる細長い凹地のこと。南海トラフは、静岡県沖から宮崎県沖まで続いていて、この南海トラフ沿いで地震と津波が約１００年毎に起きていると指摘する専門家もいる。

ナで露呈したように感染症のリスクまで高いわけですから、なぜそんなところに住みに行かねばならないのでしょうか。それでも、「志ある若者は東京に行かねばダメだ」というような国であるとするなら、国のあり方自体が狂っているのではないでしょうか。

たまたま東京に遊びに行ったときに被災したというのなら、数日の間に家に帰りつくこともできるでしょう。しかし、家が東京にある場合は、逃げ場がありません。避難民になれば、東京に電気を送っていた原発の事故で故郷を追い出された福島県浜通り地方の人の気持ちがわかるでしょうね。

ことほどさように、東京に「住む」というのと、「たまに遊びに行く」のとでは、リスクに大きな違いがあります。住まなければ遊びに行けないわけでもないのに、なぜ住むことを目指す若者が多いのでしょう。

生まれつき東京に住んでいたのならまだしも、なぜ、地方に本拠地を持っている人までもがわざわざ東京に本拠地を移さなくてはならないのか？田舎はそこまでダメなのか？　昭和時代に培《つちか》われた思い込みに、令和の若者までもが囚《とら》われていないでしょうか。

寺本　最近、時間ができたのでネットで昔のドラマを観ているんです。この前も『3年B組金八先生』[註2]を観ました。僕はシーズン1の放送当時8歳くらいだったので、たのきんトリオ（1980年代前半に活躍した田原俊彦、近藤真彦、野村義男3人のジャニーズアイドル）が出ていたくらいしか記憶になかったのですが、今、改めて観ると驚きます。

たぶん、東京の荒川区が舞台なのですが、武田鉄矢さん演じる金八先生が下宿しているのがタバコ屋だったり、草が茂った川の横を通学したりしていて。あれ？　40年前の東京って、バリバリ邑南町感があるんじゃないの？　と。赤木春恵さんが校長先生で、学校でプハーって、タバコ吸っているシーンが頻繁に出てくるんです（笑）。えっ？　東京って昔、こんな

註２　**『３年Ｂ組金八先生』**
１９７９年からＴＢＳ系列にて断続的に制作された大ヒット学園ドラマシリーズ。武田鉄矢が演じる中学校教師・坂本金八が、思春期を迎えさまざまな問題を起こす生徒たちと体当たりで向き合う姿が大きな反響を呼んだ。２０１１年に終了。

感じだったの!? 校内で先生がタバコって。素直に驚きます。まあ、東京の下町のドラマなんですけどね。

藻谷 それで思い出しましたが、今回、実は東京の下町ではコロナはあまり流行ってないのです。一番流行っているのは港区です。(7月以降は新宿区が1位で港区は2位となった)。私の知り合いに、港区お台場の超高層マンションに暮らしている人がいるのですが、そのマンションだけでも2人の感染者が出たそうです。まさにマンション自体が「三密」ですからね、エレベーターでは人と人とが至近距離になりますし。

東京の下町の感染が少ない理由は、欧米帰りの人が少ないということです。3月に欧米から帰国してきた日本人の中の何人かがコロナウイルスを持ち込んだわけですが、彼らは都心や山の手の住人だったのでしょう。

寺本 島根と岩手と鳥取が少ないのも、海外に行く人が少ない県だからなのかもしれませんね。こんなこと言ったら怒られるかな(笑)。

藻谷　いや、その通りなのです。遠距離の移動をする人の少ない地域は感染が広がっていません。今回、高知の人とかが、意外と大阪のライブハウスなどに遊びに行っていたのがわかりましたけどね。そういう意味では、中四国の交通の十字路である岡山県が、未だに死者ゼロというのは驚きです（9月中旬現在は死者1名）。

寺本　変な言い方ですが、今回コロナの〝勝ち組〟は、やはり地方だったということでしょうか。

藻谷　これもその通り。都会は人口が過度に密集しすぎなのです。各都道府県の人口100万人あたりの感染者数と、可住地人口密度（総人口を、山林を除いた面積で割った数字）を比べると、明確に相関しています。

可住地人口密度は、東京都心が地方の県の十数倍～数十倍も高いのですが、これはなんとなく納得できますよね。他方で人口100万人あたりの感染者数というのは、感染者数を人口で割って出す数字ですから、人口の多い大都市でも少ない田舎でも、横一線になっておかしくないのです。ところが実際には、東京都心の感染者数は人口あたりで見て、地方の県の数倍から数十倍にもなっています。人口が密集しているほど、どうしても息がかかるくらいの距離に立ってしまう人が多いということでしょう。

寺本　今後、AFTERコロナになるのか、WITHコロナになるのかわかりませんけど、新しい生活様式というのはやはり「都会のような三密のできやすい場所は避けたほうがいいですよ」ということになりますよね。

藻谷　その通りです。人の密集と密接、それに空間の密閉という「三密」は、窓の開かない空間の中に人が集まる環境があってこそ発生するものですから、まさに過疎地では作りたくてもなかなか作れない、でも都会では不可避の現象です。

「三密」はコロナが流行っている間だけの問題ではありません。インフルエンザも、風邪も、人から人へうつる感染症はすべて、都会でこそ深刻化するのです。天災に襲われたときに被害を拡大させるのも、救援物資の行き渡りを遅くするのも、人の密集です。テロリストも人の密集したところを狙います。都会は自由で、いろいろあって魅力的だというけれども、疫病や災害からは自由ではありません。そんな東京に住まないと絶対に手に入らないものって、何かありますか？

寺本　……すみません、思い浮かびません。

会社に行く必要、ありますか？

藻谷　寺本さんの親の世代にとってはいろいろあったでしょう。寺本さんから下の世代にとっては、もうそういうものはないと私は思っています。
「田舎には自由がない」と言う人がいる。ですが話を聞いてみると、私のような田舎出身者が親元について話している例ばかりです。確かに親元の場合、近所があれこれ言うとか、不自由もあるでしょう。でも東京育ちでも、親元にいればいろいろ近所の声はあるものです。東京の親元にいるのと、縁のなかった田舎に移住して暮らすのと、どちらが自由でしょうか。自由を求めるというのなら、田舎のほうが自由かもしれませんよ。家賃や食費が安くなる分、可処分所得[註3]は増える可能性も大きいですし。

それから、都会で「いい会社」に就職してしまうと、田舎の普通のサラリーマン以上に仕事に拘束され、自由も何もない暮らしになりがちです。しかしそういう事実を比べたうえで、ものを言っている人はいません。親から「田舎には何もない」と毎日聞かされ、なんとか都会に出なくてはとお受験勉強の修行を積む田舎の子は、後を絶ちません。

寺本

美味しいものは地方にあります。でも東京に住むメリットは、交通費や宿泊費をかけなくても、すぐにライブや美術館を楽しめたり、映画館がたくさんあって、映画が選び放題だったり、大きな本屋さんにすぐに行けたり、芸能人を目撃したり（笑）、文化の面ではあったと思うんです。でも全部がオンラインになったら、東京にいる意味は本当にないかもしれません。

藻谷　ダウンロードや通販に飽きたとき、あるいは田舎の狭い世界に疲れたときに、たまに東京に遊びに行くのはいいですよ。でもたまに遊びに行くだけでは満たされない、毎日住んでいないと味わえない東京の魅力というものは、何かあるのでしょうか。「東京に住んでます」という自己満足だけではないかと思うのですよ。「いい時計してるぜ」と同じで、気にする人は気にするのでしょうが、多くの人にはどうでもいいことです。

いったん住んでしまうと、どこに行っても人が多いのは「当たり前」になって、たまに遊びに行ったときの興奮や楽しさを味わえなくなります。ディズニーランドなんかにも、近くに住んでいるほうが行かなくなります。「いつでも行ける」と思ってしまって。私もそうですが、スカイツリーに

註３　可処分所得
個人の所得の総額から、税金や生活に必要なお金などを差し引いた残りの金額のこと。

行ったことのない人は東京には多いでしょうね。東京を本当に楽しむには、むしろ住まないほうがいいのです。

しかも住んでみると、「何をするにも混雑している環境がつらい」「自然が遠すぎてストレスが溜まる」と感じる人も多いと思うのです。東京に住んで田舎に気晴らしに行くか、田舎に住んで東京に気晴らしに行くか。オンラインで仕事できる人であればあるほど、後者のほうがいいと思う人は増えるのではないでしょうか。

寺本　今、邑南町役場もリスクを低くするために、半数は公民館で仕事をして半数は役場に残るというやり方を、全課でやっているんです。

当初は、そんなことできないって、すごく反対があったんですよ。でも、5月1日に、町長が「つべこべ言わずにやれ」と命令を出しました。すると、嫌いな人の顔を見なくて済むとか、上司に無駄に話しかけられなくていいなどのメリットがあるし、意外に仕事が捗《はかど》ることに気づいてしまいました。

政府は「8割接触をなくせ」と言っているけど、職場を2つに分けたことで、まず5割は簡単に減らせているんです。加えて、土日にも出勤を入れて、人が重ならないように時間帯を工夫すると、本当に8割減らせそうなんです。

たとえば朝7時から仕事すると15時45分には帰れるので、家族ともっとかかわれたり、プライベートな時間もできたりして。役所には難しいと思われていたけど、意外と容易《たやす》く新しい生活様式ができ始めているんですよね。

藻谷　今、邑南町でやっているのと同じ仕事のやり方を、東京の頭のいい会社もやっているとは思うのですがね。一度リモートで仕事をやるのに慣れたら、元に戻れと言われるのは本当に嫌でしょうね。

寺本　結局、東京で、通勤時間往復2時間もかけて出社して、「三密」を作る意味があるのか、ということですよね。コロナ禍はそういう疑問を今回、都会人に投げかけたんじゃないですかね。

藻谷　通勤電車は、皆が黙って乗っているからまだいいのですが、また、咳をしている人が横にくっついてきたりしたら本当に嫌になります。咳をする側から言えば、風邪をひいても咳一つできない環境だとも言えますね。

でも今回、リモートワークを始めた人には、通勤のつらさ以上に、もっと厳しい現実が見えた人もいたのではないでしょうか。つまり、「そもそも自分がやっている仕事は、別に要らないのではないか」ということです。大組織になるほど、「ただその場にいるのが仕事」という人がいるものです。定時に来て、夕方までパソコンで何かをしている。会議があれば出て、黙っている。それで給料がもらえているけれど、明日、自分が病気になって会社に来なくなっても、実は誰も困らない。そういう立場の人が多すぎます。リモートワークになってしまうと、そういう現実がくっきりと見えてしまいますよね。

そういう私は2012年からオフィスのないリモートワーカーなんです。

２０１２年から在宅ワークをしている
藻谷浩介が感じる「在宅のメリット」

● 体力消耗を招く定時出勤が不要
→個人の事情と仕事量に応じた加減で効率上昇
→なるべくラッシュは避けることで時間を有効活用

● 無用に“ 同じ場にいる”時間をカット
→役割もなく“その場にいる”のは無駄だし苦痛
→管理者の監視なしでできる仕事こそ必要な仕事

● 組織内評価は無用、顧客の評価がすべて
→→→だが、顧客＝上司だと、在宅化は困難通勤もしなくていいのですが、最大のメリットは会議に一切出なくていいことです。自分が出る講演や番組などの打ち合わせは、すべてメールでやります。会議を開いても、何を話したか忘れてしまうだけなのです。「会議してメモを作りなさい」と言われそうですが、最初からメールを使えば、それがそのままメモになりますので、「生産性」が上がりますよね。

私を講演会に呼ぶ方は行事設営の会議をしていると思うんだけど、幸い自分はロジ[註4]をやらなくてもいいので、当日出かけて行って〝大喜利（複数の出演者がお題をもらってその場で芸を披露する）〟のようなスタイルで講演する。それで仕事ができる仕組みを作り上げてしまったわけですが、ときどき突き当たる問題は、相手側にメールに用件を書けない人がいるということなのです。何を目的に、どこで何時に誰を相手に何を話すのか、という5W1Hを簡潔に書いてくれないので、何度もメールが行き交ったりします。でもそういう人は、会議の場でも議論に参加できないのではないでしょうか。

コロナ禍でリモートワークに踏み切った会社の多くは、初めてメリハリをつけて時間を区切って会議をする、という経験をしたのではないでしょうか。実際にＺｏｏｍで会議をして「Ｚｏｏｍ酔い」を体験すると、「もっときちんと打ち合わせ事項を決めてから会議しましょう、時間短縮しましょうね」となっていく。「会議は黙って座っている人が8割」という現実に、意味がないという認識が少しは出ているのではないかとも思います。

寺本　そういう人から、東京を脱出したい！　と思うのでしょうか。

藻谷　リモート会議で発言できない人の中には、「早く出社できる状況になって、オフィスに座っていることで〝仕事をしている〟とアピールしないと、このままステイホームが続いたらクビになるぞ」と危機感を覚えた人も多かったかもしれません。一方、「もはや自分は要らないな。会社の辞めどきだな」と感じた人もいるでしょう。また、積極的に発言する人ほど、自

註４　**ロジ**
ロジスティクスの略。後方支援のこと。元々は軍隊用語で、兵器や兵員の確保からその管理などにまつわる仕事のことで、前線業務に対して後方業務という意味で使われる。

分はリモートでも仕事はできると実感したでしょうね。そして、リモートでもバリバリ仕事した人ほど、自宅が狭くて仕事場にならないことに、改めてショックを受けたのではないでしょうか。共働きで子育て中の家庭ならなおさらです。

東京の住居は、そもそも家族全員で一日中いられるようには設計されていないのです。家族の誰かがコロナで陽性になっても、隔離できる部屋もないわけです。夫がリビングで遅くまでＺｏｏｍ飲みばかりして妻が我慢の限界に達して夫婦喧嘩になるという話も聞きます。

寺本　「コロナ離婚」という言葉をネットニュースで見かけました。マジかよって思いますけど……。

藻谷　十分あり得ます。もっと嫌な話をすると、東京などの大都市では、ＤＶ（ドメスティック・バイオレンス＝家庭内暴力）も増えているでしょう。子どもへの虐待もしかりです。もともとは仲が良かったのだけれども、「ずっと家族と顔を突き合わせていると、やってられなくなってきた」という人は多いでしょう。

寺本　家が狭いから、家庭内ディスタンスが作れない……。客間とかもない住居がありそうですよね。

藻谷　東京の普通の家に客間なんてないですよ。そんな言葉自体、聞いたことがない人も多いのではないでしょうか。社宅やアパート住まいの場合、子ども部屋だってろくにない家庭が普通です。在宅ワークをやってみて、小さい子がいて仕事にならなかったケースは多かったと思います。そもそも東京在住者は、給料の3分の1ともいわれる高い家賃を出して、「なんでこんな狭いところに住んでいるの？」っていうことなのですが、通勤ラッシュもそうですが、全員がそれを当たり前だと信じ込むことで、なんとか耐えている状態なのだと思います。

東京の人が邑南町とかに行くと、家賃の単位が一つ違うんじゃないかと思うほどです。部屋が多すぎて、掃除が大変そうだなとも思いますけど。

寺本　邑南町では、どこも家屋自体が広いですからね。コロナ以降、散歩も距離を取れって言われて……僕、夜によく散歩するんですけど、誰もいないんですよ。だから東京のど真ん中にある皇居をジョギングで一周する人同士が過密だとか、ぶつかりそうになるとか、想像もできません。僕らが夜遅く散歩していて怖いのは、クマが出るかもしれないから（笑）。

藻谷　田舎の人は今、山や川岸や海岸を歩き放題ですよね。東京はどう工夫しても、一人ひとりに与えられている自然の量が少なすぎるのです。

自然どころか、自分の部屋も狭すぎると感じている人は多いでしょう。部屋にいる自分の鼻先を、大勢の人や車が賑《にぎ》やかに通ることに、ストレスを溜めている人も多いはずです。しかし、なぜそこを我慢してまで東京にいるのかという問いかけを、自分にできていない人は多いのでしょうね。

寺本　そういう物理的なストレスを感じて地方へ出る人がいるかもしれないけど、なかなか社会全体の流れにはなりませんよね。国や企業は、どうすれば今後、三密状態にならないようにできると考えているのか、訊いてみたいんですけど……。

それでも都会人にこだわる人のメンタリティ

藻谷　社会全体の流れが変わらないのは、お受験教育に問題があります。
　東京の学校を頂点にした、偏差値での大学ランク付けってあるじゃないですか。本人の本当の能力に関係なく、どこを出たかで形式的に人をランク付けしてしまう、いい加減でナンセンスなシステムです。そして東京の「いい大学」の卒業生の多くは、そのまま東京に就職する。「偏差値の高い人」は東京で働くものだと、皆がなんとなく思う。実態は実につまらない仕事をしていたとしても、多くの人はそんなことは気にしない。偏差値が実力を反映する指標だと信じ込めるくらいですから、実態だの中身だのに関心はないわけで、どちらが見栄を張れるかで判断するのです。

医師という職業で考えてみましょうか。医師の国家資格はどこの大学の医学部を出ても取れますし、いい医師かどうかはペーパーテストの点数ではなく、実際に患者を治せるかどうかで決まりますね。そして東大医学部出身者が日本の医療界を支配しているというようなことはありません。地方の医学部もそれぞれ強力です。おまけに医師は全国どこでも仕事ができますし、優秀であれば尊敬されます。いや、田舎にいたほうがより尊敬されるでしょう。

ですが、若い医師は東京の勤務医になりたがり、地方の医師不足は深刻です。医師不足を反映して、地方のほうが好条件で給料も高いというのに。しかも東京の勤務医は分業化が進んでいて、患者の人生に向き合う機会が乏《とぼ》しいし、いろいろな分野の修行もできない。

それでも東京に医師が集まるのは、「なんとなく東京の医師のほうが偉そうだから」という理由以外に考えられません。「田舎の診療所の医師よりも、東京のビルに入っているクリニックの医師のほうが偉い」といった、漠然としたイメージで人間は動くのです。今回のコロナ問題でも、感染者の多い東京の医師のほうが、感染者の少ない地方の医師よりも命の危険を感じているはずですが、そんな現実を吹っ飛ばすくらいに、この「イメージの世界での優劣」の支配力は強いのです。

「子どもの教育のために東京にいる」という医者もいるのかもしれませんが、もし子どもを医学部に行かせたいのなら、地方の大学のほうが入りやすいと思いますよ。でも、そうではなくて、「東京のほうがいい学校が多い」と漠然と思っているのでしょう。最初にお話しした通り、これは偏差値ランキングという幻想に支配されているだけのことです。

寺本　その幻想に気づいて地方に移動した場合に、強い職業っていうのは何ですか？　東京と変わらず地方でもやっていける仕事って？

藻谷　医師は最強ですし、教員も、都会と地方で考えれば地方でやるほうが、リスクが少なくやり甲斐が大きいのではないかと思います。看護師や介護士、保育士なんかも同じですね。同じ収入であれば、地方にいるほうがよほど豊かに暮らせますし、都会にはストレス発散に行けばいいのです。

ですがこれらは資格が必要な仕事なので、普通の人で考えましょうか。親御さんなどには、「景気が良くない日本では、公務員が一番安定している」と思う人が多いようですね。公務員の寺本さんはどう思いますか。

寺本　そんなことはありません。公務員に影響が出るのが遅いだけですよ。結局、僕ら公務員は税金で給料をいただいているわけだから、税収が下がれば給料は下がるし、人数も要らなくなってくる。最終的には一番割を食うのは公務員だと思っています。

藻谷　残念ながらその通りですよね。今から就職するのであれば、公務員が得だとか、安定しているとか勘違いするのだけはやめておいたほうがいい。「損でも不安定でも、皆のためにやります」というのなら止めませんが。

国家公務員に関して言えば、私が就職した32年前からもう、なるのは明らかに損でした。長時間低賃金労働であるうえに、天下りも簡単にはできなくなることは、自分の頭で考えれば当時からわかったと思います。仮に、政治を動かしたいのであれば、事務次官[註5]を目指すよりも議員を目指すほうが確率が高いですし、政策を提言したいのなら評論家のほうが自由にできます。

最近ようやく、国家公務員、特に上級職（いわゆるキャリア）は割に合わない仕事だと知られてきた感もありますが、世の認識が現実に追いつくの

註５　**事務次官**
各省および国務大臣を長とする各庁に一人ずつ任命される一般職の公務員のこと。国家行政組織法によると、事務次官の仕事とは、大臣を助け省務または庁務を整理し、各部局および機関の事務を監督することとある。

註６　**団塊ジュニア**
団塊の世代とは、１９４７〜49年あたりに生まれた世代のこと。堺屋太一の同名の小説が由来。第一次ベビーブーム世代とも呼ばれている。厚労省の統計によると約８００万人。団塊ジュニアとは、団塊の世代を親に持つ１９７１〜74年あたりに生まれた世代のこと。第二次ベビーブーム世代とも呼ばれる。

には何十年もタイムラグがあるということを、改めて感じますね。地方公務員の場合、団塊ジュニア[註6]にあたる寺本さんの世代が、なって得をした最後の世代ではないでしょうか。なにぶん就職氷河期でしたから。

寺本　僕の世代は人口が多くて受験も大変でしたし、社会に出たときはバブルもはじけていましたから……団塊ジュニアで得をしたと思ったことは一度もありませんね。勘違いしている人も多いのですが、団塊ジュニア＝バブル世代ではありません。

地方移住のターニングポイントとは？

藻谷　確かに就職氷河期だったので、仕方なく地方公務員に収まった人も多かったと思います。ですが寺本さんが東京でそのまま就職していたら、恐らくどこかの大企業の優秀な営業マンにはなったでしょうが、地図と歴史に残る今のような仕事は、するチャンスがなかったでしょう。

そこで話を戻しますが、地方に移住した普通の人に必要なのは、特定の職業スキルではなく、なんでもトライして勉強する精神です。日曜大工もし、畑仕事もする。写真も撮り、SNSでの発信もしてみる。何より「これをやって欲しい、手伝って欲しい」と言われるような、頼まれやすい態度を身につける。何か一つに特化して食べていくのではなく、いろんなことを合わせ技でできるようになって稼ぐのです。これは実は、初心に返る気持ちさえあれば、誰でもできることです。

30代、40代にもなって丁稚奉公《でっちぼうこう》をすることに抵抗があるかもしれませんが、そこで学べるノウハウはそれこそ死ぬまで使えるので、お受験勉強よりもずっと有用です。人生90年時代、30代、40代はもう一度学生時代を過ごしてもいいのだと、割り切って考えたほうがいい。

そんなので大丈夫かと思うかもしれませんが、老後に不安があるのは都会の勤め人なんかをやっているからで、どんな過疎地でも、高齢者は飢えてもいないし、掘っ立て小屋に暮らしているわけでもありません。住んでみれば、畑も近所付き合いもある田舎の老後は、なんとかなっていくのだとわかります。

田舎の老人のほうが、日々貯金がなくなるのに怯《おび》える都会の老人よりも、よほど豊かに、楽に暮らしている。このことにいつ都会人は気づくのか。私は、いずれ来る大地震がターニングポイントではないかと思っています。

東日本大震災（2011年）のとき、「これで世の中が変わる」と言った人がいましたが、私は聞いた瞬間に「それは違う」と思った。東京は、計画停電は経験しましたが、原発があそこで停止した奇跡のおかげで、深刻な物的被害は免れました。あれは、ホップ・ステップ・ジャンプで言えば、2番目の「ステップ」だったのです。

1番目の「ホップ」は、阪神・淡路大震災[註7]です。直下型地震を受ければ「ビルも高速道路も崩れるのか」「木造家屋密集地帯は焼けるのか」と日本中が大きな衝撃を受けました。しかし神戸で実際に被災した人以外は、本当の怖さを学ばなかった。四半世紀が経って、建物の耐震改修は全国で進みましたが、都心の過密状態は悪化する一方です。

ということで近未来に、恐らく連動して来る富士山噴火と南海トラフ地震（もしくは関東地震）が、3番目の「ジャンプ」になるでしょう。「じゃあ、今回のコロナは何ですか？」となると『スターウォーズ』3部作の間にあった、スピンオフ作品の『クローンウォーズ』[註8]のような位置づけでしょう。帝国軍兵士の哀感を描いた隠れた名作と言われている作品ですが、大作のはざまに一幕ですよ。

寺本　ちょっとそのお話は衝撃的です……では、このコロナ禍は、次の大震災

註7　**阪神・淡路大震災**
1995年1月17日に発生したマグニチュード7・3の大地震。震源は兵庫県淡路島北部。兵庫県内の4つの市で震度7が記録された。戦後初の大都市直下型地震といわれ、関連死を含めると犠牲者は6434人、行方不明者3名、負傷者は約4万4000人。住家については、全壊が約10万5000棟、半壊が約14万4000棟。

註8　**『スター・ウォーズ　クローンウォーズ』**
2008年に製作された、「スター・ウォーズ」シリーズの新3部作「エピソード2／クローンの攻撃」と「エピソード3／シスの復讐」の間に位置する、クローン戦争を描いた長編CGアニメーション。

の予行演習みたいなものなのですか？

藻谷　そうです。

寺本　うわ……であれば、ますますうちの息子は東京に行かないでしょうね。それに、今すぐ東京の人は、東京脱出したほうがいいのではないですか？

藻谷　東京での仕事が今、旬になっている人までとは言いません。でもたとえば、すでに退職された地方出身者で、地方にもまだ知り合いや家なんかがある場合には、なんで危ない東京に居続けるのか、意味がよくわかりませんよね。これから就職する人もそうです。

個人の話で恐縮ですが、私は山口県の工場町で、家族5人で育ちました。私が高校3年のときに親が東京に転勤になってしまい、千葉県浦安市に家を買いまして、そのため受験期に下宿して大学は自宅から通うということになってしまったのです。しかしその親も、兄も弟も、今は東京には住んでいません。兄夫婦は浦安から信州の高原に移住し、１年後に両親も、浦安の家を売って兄夫婦の近くに移りました。弟夫婦はカリフォルニアにいます。広い家でゆったり暮らす彼らに、「都落ち」の悲哀など微塵《みじん》もありません。唯一東京に残る私が、うらやましがられるなんてこともあり得ません。

　ということで私自身も徐々に、「脱東京作戦」を進めています。そもそも東京には家も買っていないですしね。

寺本　あ、そうなんですね。

藻谷　私は現在55歳ですが、この年代であれば、どう考えても買うより借りたほうが有利でしたから。国家公務員は損だというのと同じで、「世間のイメージ」を無視して冷静に考えればわかることです。

　若いうちは、狭くて古いけれども便利な場所にある社宅で暮らしました。独立してからは、同じ町内に広めの家を借りています。買うのに比べて、消費税も固定資産税も相続税も払わなくていいし、子どもも独立し仕事も減らせる環境になったら、自由に地方に引っ越せます。東京に狭い家を一軒買うお金で、東京で10年少々広い家に住んで、それから田舎に広い家を買うお金が賄《まかな》えてしまう計算なのです。

寺本　家を買っていたら、東京脱出もなかなか難しくなりますよね。

藻谷　「必要なら家を売ればいい」と思うかもしれません。しかしなんと、総務省の2018年の調査によれば、東京都の家の9軒に1軒は空き家・空き室なのです。ですから駅から遠い一戸建てや、郊外の団地の家は、買った値段では売れません。高く売れるのは、都心や駅に近い物件に限られます。それにどうしても値段は高めで、部屋は狭くなりますね。おまけに買うときには消費税、死んだら相続税をたんまり取られます。

マンションもこれまではなんとなく売れてきたのですが、エレベーターや配管、屋根の補修などで、一戸建てよりもずっとお金がかかります。超高層のタワマンほど、後になるほど負担を求められ、それを払わない住人が多いと早めに廃墟化していくことになります。マンションはそれこそ借りるもので、買うものではありません。９軒に１軒が空き家なので、いくらでも賃貸物件はあります。

人口減少社会では、家の値段は下がる。これは過疎地では皆が知っていることなのですが、東京では「自分だけは大丈夫」という高慢な誤解が横行してしまっています。そこにホップ・ステップ・ジャンプのジャンプが近づいている。もうリスクだらけですよね。

コロナ禍をきっかけに、さらにその先に待っている問題に気づいて東京脱出を始める人が１％でも出てくれれば、その１％は助かります。逆に皆が東京を脱出しようとすれば、今度は地方の物件が一時のバブルで値上がりしかねない。

動くなら、皆がそれに気づく前の今のうちです。大勢が動いてから尻馬に乗るほうが得だという時代はもう終わりました。半歩先に行動する人が有利で、半歩遅れはババをつかまされることを、よく自覚すべきです。

第4章

リミットは50代！東京を脱出するために

間違いだらけの人生トレードオフ!?

寺本　藻谷さんの仰っていることをまとめると、「人間って、周りがこうであるべきだよっていう概念の中に生きていて、プライドとかブランドから逃れられない」ということになりますね。「テレビは観ない」と藻谷さんは日頃から言っていますが、そんな概念を作っているのはテレビを代表とするマスコミだから、テレビを観ないのかなって思いました。

藻谷　テレビを観ないのは、「ニュースやワイドショーでは本当のところがわからないから」というのが大きいでしょうね。制作者側が紋切り型の思考パターンで事実を切ってしまうので、全体像が見えないばかりか、こっちまで紋切り型の考え方になってしまいます。カープ戦の中継は見ますよ。生の映像のほうが、記事よりもよほどよく本当のところを伝えますから。

ただ気をつけるべきなのは、「こうするべき」という概念を作っているのはマスコミではないということです。マスコミと一般人が、お互いに循環参照して、共同作業で思い込みを強め合っているのです。

マスコミは視聴率とか売り上げ部数を上げたいので、一般的な思い込みをなぞって報道します。そこに逆らっても数字は出ないのです。それを見た人は思い込みを強めますね。つまり循環参照が起きているのです。

コロナ禍が始まってからもときどきテレビの報道番組に呼ばれるのですが、今日お話ししたような数字を説明する機会は一度もありません。直前になって出演をキャンセルされたこともあります。私が楽観的に聞こえることをしゃべりそうなので、それでは視聴率が取れないからでしょう。いきなり「客観的な数字はこうなっている」とか言い出して、皆さんが期待しているようには怖がらせたり、騒いだりしないですから、そこで「こいつの意見はよくわからん」とチャンネルを替えられてしまうのです。意見ではなく数字に出た事実を話しているだけなのですが、「事実に関心はない、自分と同じ意見が語られるのを聞きたい」という人が多いわけです（その後一度だけ、大阪の朝日放送のニュース番組「キャスト」で８月に、深掘りした解説を行う機会があった)。

寺本　藻谷さんが呼ばれるような番組ってわりと意識の高い人が見ていると思うんですけど、それでもそんなものですか。

藻谷　テレビ番組は常にそうですよ。視聴率というものを基準にしている以上は、皆の思い込みに沿って番組を作っていくことになるのです。

講演でも、主催者が真面目にアンケートすると、必ず100人に1人くらいは、「なぜ藻谷は自分の意見を押し付けるのか」と怒る人がいます。さんざん数字を見せて、そこから見える事実を説明しているのですが、まあ要するにその事実が、その人自身の思い込みと合わないわけです。彼らは、「自分の思い込みがすべて」という世界に生きていて、数字の示す客観的事実には最初から興味がない。

思い込みは大衆社会の「神」なのです。

ちなみにそうやってワイドショーが煽った結果、世の中にどんどん恐怖心が伝染して景気が冷え込んで、テレビ局のＣＭ収入が下がっています。いわば自爆ですが、偏差値のような現実無視の数字を理屈抜きで追いかけられる人が、お受験で量産されてテレビ局に入っているので、「自分の番組の視聴率よりも会社全体の広告収入を考えなくては」というような発想は出てきません。なんというかこれは、「部分最適だけしか考えず、手段と目的が転倒する」という、日本人の繰り返すお家芸ですね。

家を買う話も同じです。手段であるはずの家の購入が、目的になってしまっている。そして目的を達成すると、かえって人生の自由が奪われる。でも買わなくてはならないと思い込んで、空き家率などの数字は調べない。

そう言い出すと、結婚だって思い込みでやっているもので、しなくてもいいんじゃないかって人もいるわけですが……人間は長い歴史を持つ生物なので、昔から本能でやっていたことは、したほうがいい。しかし、人類の長い歴史から見て、最近始まった習慣は、続かないかもしれません。

寺本　婚姻制度は、最近のものなんですか？

藻谷　カップルになって核家族を形成するということ自体は、人類普遍の現象です。でも、男は仕事をして、女は家事をするという家父長制モデルとしての結婚制度は、日本ではどんなに長く見積もってもせいぜいここ数百年くらい、正確には戦後になってから広まった形式ですからね。20万年の人類史の中では、そんな習慣は全然なく、もっと自由に相手を選んで、家族が集まった共同体で暮らしていました。夫婦別姓を非難する人がいますが、源頼朝と北条政子の夫婦、と聞いてわかるように、そもそも日本の支配階級は夫婦別姓でしたし、天皇家と庶民には姓がなかったし。雅子皇后の今の姓って何なのか、皆さんわからないでしょう？　何が本当の伝統で、何がにわか話なのかについて、皆、勘違いしています。

寺本　じゃ、東京で暮らすとか、にわか話の最たるものですよね。

藻谷　最たるものです。

寺本　そのことを、関東地震と富士山噴火の前哨戦《ぜんしょうせん》であるコロナ禍を機に見直す必要がある、と藻谷さんはお考えなわけですね。

藻谷　このタイミングで気づいた人は、自分だけでも生き方を見直した方がいいでしょう。世の多くの人が「ものの見方」を変えるのは、もっと取り返しのつかない事態が起きてからです。それまで待たないほうがいい。

東日本大震災のときにも少し気づいた人がいる。コロナでも少し気づく人が増えるでしょう。「人が過度に密集していることのマイナス面」が、だんだんに理解されてくるわけです。でもそれだけはない。本当に気づいて欲しいのは、「東京にいないと、できないことがありますか？　ないでしょう？」ということなのです。東京でなくてはダメだ、田舎に可能性はないというところこそ、根も葉もない思い込みの核心部分なのです。

危ないから東京にいてはいけない、暮らしにくい、その通りなんですけど、もっと具体的に、コストとベネフィットで考えてください。

密集した東京に住むことで何を得ているのか、何をゆとりとトレードオフして東京で生きているのかを、今一度考えてみてください。たとえば、「家を東京に買っちゃった」「もともと東京の生まれだ」「親戚も皆東京にいる」という人はそれでいいと思うのですが、もともと地方に足場がある人が、死ぬまで東京に住む意味を考えて欲しいのです。

ところで、田舎の不自由が死ぬほど嫌だという人は、特に女性には多いかもしれません。男尊女卑がまかり通り、多様な生き方が認められていないと。それはそうなのですが、では東京では男尊女卑はまかり通っていないのでしょうか。私の観察では、東京の大組織ほど、ムラ社会的で男尊女卑のまかり通っている集団もないと思うのですが。自治会にしても、市町村区議会なんかにしても、東京のほうがヘタな田舎よりよほど因習に満ちていたりします。それからマスコミ。女子アナ、女性キャスター、女性文化人の扱い一つとっても、ジェンダー的偏見を再生産しているばかりで、半世紀間に進歩が見られません。

国際政治学者の三浦[註1]瑠麗《るり》さんに、一度だけテレビ収録でお会いしたこと

なぜそれでも東京に集まりたがる？

●“いい教育”は東京にしかない？

→東京は、入れても世界には出られない袋小路

→人生が野球だとすると、７・８・９回に役立つ教育は東京にはない

→親が、国内限定で見栄を張れる“名前”があるだけ

●“個人の自由”は東京にしかない？

→東京の大企業の内部は、どんな村よりも“ムラ社会”

→ネット時代の消費生活は、家の広い田舎のほうが自由

→女性の自由は日本全体の課題。もっと闘おう！

があります。もう二度とお会いすることもないでしょうが、CMの間に雑談していたら、田舎に対して大変に否定的なことを仰るのに驚きました。しかし後日、三浦さんが出された著書で、田舎で過ごした子ども時代、「勉強ができる女は生意気だ」と、不良グループから性的暴行を受けた過去があると知りました。本当に酷い話で、犯人たちは厳罰に処されるべきですし、そんな町を一刻も早く出たかった気持ちはよくわかります。

でも、東京には女性を貶《おとし》めて見ている人はいないのでしょうか？　彼女を起用している東京のテレビは、そして視聴者は、彼女の話している学識と、容姿の若い女性がこういうきついことを発言するのかというエンタメ的関心とのどちらに主眼を置いているでしょう。彼女の論説などを読むと、この人はよく勉強し、冷静に客観的な見方を示しているとわかるのですが、若くて美人であるがゆえに、かえって話が伝わっていないのではないでしょうか。本人もステレオタイプの女性キャラを、要請に応じて演じていることは自覚しているのでしょうが、それって本当にやりたかったことなのか。

同じ男尊女卑の人たちでも、田舎の不良以上に、東京の男社会は陰湿です。彼らの押し付けてくる性的役割分担に負けずに戦う覚悟があればいいですが、よほど頑張らないと、システムの中にからめとられて消費されるだけになってしまいかねません。むしろ地方で首長や地方議員やベンチャーをやっている若い女性にこそ、私は自由に生きる姿を見るのですよ。

人間の思い込みは100年続く

寺本　そういう地方都市出身の学力の高い人、自分はイケてると地方の学校で自信を持っている人こそ東京幻想を持って、東京で一旗揚げたいと思うのではないでしょうか。僕も一瞬、そんな幻想を持ったかもしれません。

註1　三浦瑠麗
1980年生まれの国際政治学者。東京大学農学部を卒業後、同公共政策大学院及び同大学院法学政治学研究科を修了。2019年に出版した自伝『孤独の意味も、女であることの味わいも』の中で、過去の性的被害について明かし、話題を呼んだ。

藻谷

一時はそれでいいですが、そう簡単に個人の自由にはさせてくれないのが東京の巨大システムです。いつの間にか取り込まれて、東京でしか通用しない人間にされてしまいます。腕を磨くには外国と田舎を行き来する方がいいのではないでしょうか。

近著の『進化する里山資本主義』[註2]という本に書きましたが、東京はいわば巨大な袋小路で、一度入ると子々孫々に至るまで、出てこられなくなってしまいやすい。それが東京に住むことの最大のリスクなのです。

東京の「いい会社」で働いて50代になってふと気づくと、何か取り立ててスキルも経験もない人間になっている。退職後に残るのは、東京の片隅に家を持つ元○○社員というアイデンティティだけ。

そんな未来が待っていようとも、とにかく今は東京の大企業にしがみつくぞという人は、もしかすると「元請けとなる大企業の社員でいた方が、下請け、孫請けの社員のように搾取される側に立つよりはましだ」なんて思っているのかもしれない。でも、この態度は、平安時代から応仁の乱[註3]の前までの都の貴族と同じです。時代が戦国時代になれば、収入も権威も弱まるのが確実です。

寺本　平安貴族……。

藻谷　でも実際には、都の徴税システムが太閤検地で完全に壊れるのに、応仁の乱から100年以上かかっているんですね。そんな貴族の子孫が国から

註２　**『進化する里山資本主義』**
藻谷浩介著、２０２０年、ジャパンタイムズ出版。金銭的利益を最優先する「マネー資本主義」に対して、藻谷浩介が「里山資本主義」を提唱してから7年。各地で里山資本主義の種がまかれ、芽が出て、花が咲き始める様子を描きながら、そこにあった「成功要因」を明らかにする。お金に依存することなく、人と人との繋がりによって地域活性化を目指す人たちに贈る、日本と世界が進むべき道を明快に照らし出した一冊。

註３　**応仁の乱**
応仁元年～文明９年（１４６７～１４７７）、室町幕府の将軍家と管領家の後継者を争った内乱。京都で始まった闘いは、やがて諸国の大名・小名が細川勝元（東軍）と山名宗全（西軍）のどちらかに加わったことで全国的規模に拡大。将軍の権威は失墜した。

お金をもらえなくなったのは、そのさらに350年後の戦後改革でした。

日本は本当に変化の遅い国です。ただし一度起きた変化は、なかなか元に戻りません。「○小路○麿」なんて名前は、今は芸名であるとしか思われないですからね。

裏を返せば日本では、人間の思い込み、つまり神話というものは、崩れ始めてからも下手をすると100年くらいは続いてしまう。しかし結局は崩れるのです。

今回わかったのは、「過密自体がリスク」ということと、「たくさん人がいればいるほど実はシステムが機能しなくなってしまう」ということ。前者を裏返せば、田舎を「過疎」だというのは過密の東京からの偏見で、田舎こそ「適疎」だったのです。後者は要するに、東京はもう「船頭多くして舟山に登る」だということですね。

人口約1万人の邑南町では、鮮やかに非常対応のシステムが機能しているのに、東京ではただ烏合《うごう》の衆がボーッと見ているだけ。多くの人は何か手を貸すでもなく、ワイドショーを見て騒いでいるだけで、まったく事態の改善に繋がっていない。ワンチームになるには街が大きすぎたのです。

都会も邑南町みたいに1万人ごとのユニットに分けられていれば、状況は変わっていたかもしれません。それなのに、「大阪都構想」[註4]のように「自治体をさらに大きくすれば機能するんだ」などと、わけのわからないことを都会の有権者は考えてしまうのです。

田舎はサイズが小さいので問題も見えやすく、それで嫌になる人がいるのかもしれません。しかし東京は大きすぎて問題が見えず、それを問題なしと勘違いしてぶら下がってくる人が増えるので、ますます問題が解決できなくなっています。

註４　大阪都構想
大阪府と大阪市の二重行政構造が生んできたさまざまな問題を解決し、住民サービスを充実させるために、大阪市を廃止し、４つの特別区に分割して、権限と予算を大阪府に一元化しようという構想。しかし、現行制度上もっとも権限が大きい基礎自治体である政令市・大阪市を廃止し、大阪府に権限を集中する構想でもある。これは「府県集権主義」であり、地方自治の本旨に反しているという考え方もある。

人は、畑と友人があれば生きていける

寺本　うーん、今のお話を聞いていると、もはや、東京暮らしをカッコいいとさえも思えないですよね。

とはいえ、たとえば東京にずっと住んでいた人が邑南町で暮らすのは大変だと思います、田舎の人から見たら、東京の人って、田舎暮らしにおいては赤ん坊みたいなものなんですよ。田舎で暮らすと、雪が降るから雪かきしなくてはいけない。除雪車も使えないといけない。春になると田んぼで米作りをしなくてはいけないから、トラクターを運転できないといけない。草が生えてきたら、草刈機を使えないといけない。いろいろなことができないと地方では生きていけないんです。東京の人は、「いいね、田舎は。長閑《のどか》でのんびりしていて」なんて言うけれど、実際に移住すると、あまり適応できないんです。カッコいい都会から来たはずが、田舎ではカッコ悪く見えてしまう。だから今、どっちが人として魅力あるのか？　と考

えたら、地方の人のほうができることが多いから、僕には魅力的に感じますね。

藻谷　私も田舎の中学生だった頃は技術の成績は5だったのですが、長い都会暮らしで手の動かない、口だけの人間になってしまいました。でも私みたいな人間でも、そういう田舎暮らしの技術を持っている人とたくさん友達になって、何とかすることはできます。謙虚に習う姿勢は大事ですが、「ああ見てられねぇ、助けてやるか」に持っていくことがコツですね(笑)。もちろん何かの特技でお返しすることも必要なのですが。

寺本　藻谷さんが以前、初夏に邑南町に来られたとき、青々とした田園を見ながら、「人間は、畑と友人があれば生きていけるのだ」と仰っていたことを強烈に覚えています。邑南町にも、藻谷さんのような人は必要なんです。
お話が上手な人や頭のいい人は東京にいて、最先端のことをやれるうちは、思いっきりやればいいいと思います。

しかし、これからはそんな東京に閉塞感を感じる人も多く現れると思います。そんな人は、思いきって、地方に移住すればいいんですよ。過疎ではなくてこれからは開疎化して、三密を防げばいいです。そうすれば適度に人口が分散して経済的にも東京一極集中が改善できる。まさに、禍福はあざなえる縄のごとしで、コロナ禍によって、地方創生は一気に前進するのではないでしょうか。

藻谷

少なくとも、移住の前段階として、あちこちの田舎に行ったり来たりを始めるのは今でしょう。

Ｚｏｏｍ会議とかをするようになってつくづく思うのですが、どの人が都会に住んでいて、どの人が田舎にいるのか、画面ではわかりません。でも、バーチャル背景を使わずに立派な古民家を映している人は、田舎住まいなのでしょう。恥ずかしくない部屋を映せる家を、探してはどうですかね。もう今の日本では、喋っている人の雰囲気や佇《たたず》まいからは、田舎っぽさとか東京っぽさとかは一切わかりません。多分、40年前の金八先生の頃だと、荒川の子と渋谷の子の区別はすぐについたと思うのですが（笑）。

寺本　あのドラマの第1話では、金八先生は東京の西部、多摩地区の狛江《こまえ》市から東京の北東にある荒川区へ通っているんです。電車で1時間以上かかるはずで。狛江市って、世田谷区の隣でまあまあ都会なんですよ。金八先生は金持ちの多い都会の中学から下町の中学に来たっていう設定なんです。

そこですごい格差というか、世田谷と荒川の風景の大きな違いを金八先生が目のあたりにするという設定でした。でも今は、東京と地方の差も、あの頃の世田谷と荒川ほどはありません。

藻谷　今、こうしてＺｏｏｍに映っている寺本さんがどこにいるのかなんてわかりません。それは、レストランでも同じですよね。レストランの店内の映像を見ても、もはや田舎の店か都会の店かわかりませんから。

ワイドショーのコメンテーターやゲストがＺｏｏｍで登場するようになった時点で、出演者はどこにいてもいいことがはっきりとわかってきたんです。スタジオなんて、要らなかった。

寺本　島根県には、ミシュランの審査は入ってないんです。でも、ミシュランと並ぶフランスのレストランガイドで、『ゴ・エ・ミヨ』のイエロー本というのがあって、この審査が、今年（2020年）島根に入って、そこで認定されたのが、なんと、我が町の〈AJIKURA〉だったんです！　松江や出雲には、お洒落《しゃれ》なお店がいっぱいあるんだけど、『ゴ・エ・ミヨ』には一軒も入っていません。15年前の邑南町だったら絶対に考えられないことです。

藻谷　ようやく日本も地方に美味しい店ができて、イタリアのようになってきたというわけです。私は15年前からそういう時代が来るはずだと言ってきましたが、ようやく実現されつつあります。結局、優れた料理人は優れた食材に引っ張られるわけです。

寺本　僕は昔、邑南町にはイタリアンやフレンチに使える素材なんて何もないと思っていたけど、今はキャビアを作っている人もいるし、チーズを作っている人もいる。農産物の加工品もいろいろ作り始めています。昔は東京に出すだけだったんですが、今は農業そのものが、ファッション性というか、デザイン性も持っているような仕事へと変わってきているから、昔はカッコ悪いと思っていたものが、トータルしてカッコいいものになってきている。これって、藻谷さんが言うように「イタリアみたいになってきている」ということですよね？

なんで日本でグリーンツーリズム[註5]が流行らなかったかというと、日本は、美味しいものを作っても、すべて東京に出していたからなんです。でも今

註5　**グリーンツーリズム**
農山漁村に滞在して農漁業体験を楽しんだり、地域の人々との交流を図ったりすること。長期バカンスを楽しむことの多いヨーロッパ諸国で普及した。イタリアではアグリツーリズモと呼ばれる農家宿泊システムが人気。都市住民に自然や現地の住民とふれあう機会を提供するだけでなく、農山漁村を活性化させ、新たな産業を生み出す可能性もある。

は、そうではなくなった。そして、クリエイティブな農家がいる。まだまだ全国的ではないかもしれないけど、邑南町は、イタリアのようになってきている。だから、これからますます地方に住む魅力は増してくるはずなんです。

藻谷　人の尻馬を追っかけて生きている人にとって魅力的かどうかはわかりませんけど、人の前を行く能力が高い人にとっては、地方に住んで極めてレベルの高いことができるようになってきました。それは「里山資本主義」の頃から起きていたことですが、今回、コロナ禍で1回、人生を休止してみて、頭を素《す》にしてみると、それがよくわかるのです。

田舎もインバウンドや、東京の人が来なくなって苦しいですが、それ以上に、東京で狭い家に籠《こも》っていると、産業も含めて、東京には何も本当に自立したものがないことに気づくわけです。縦から来たものを横に流してきただけで、自給能力がない。子どもすら自給できていない。いくら田舎から若者を入れても、彼らも子孫を残せず、どんどん少子化している。

もちろん邑南町でも住んでいる人の多くはお年寄りですが、他の人の子どもと遊んだり、子育てを手伝ってあげたりする機会が結構ありますよね。東京にもそういうことをしたいお年寄りはたくさんいますが、子どもにかかわる機会は圧倒的に少ない。何もさせずに消費だけさせて、お金がなくなったら「生産性のない高齢者は要らない」とか言われかねない。

寺本

うちの親父は島根県の職員だったんです。職員を辞めてから石見和牛の繁殖農家になりました。もう70歳を超えましたが、年金にプラスしてそれなりの収入があって、それが生き甲斐になっています。お小遣いもある。古稀《こき》をすぎた親父が何をしたかといえば、ユンボ（油圧ショベル）を2台と、ブルドーザーを1台、ポンと自分のヘソクリで買ったんです。「これが俺のポルシェだ！」と得意げです（笑）。それを田んぼや農地の整備に使い、冬になると、近所の家の雪かきまでしています。本物のポルシェはご近所の役に立たないけど、ブルドーザーはめちゃくちゃ重宝される。つまり牛を飼って得たお金で、総額1000万もする重機材を買って遊んでいるんですよ。そんな姿を見ると我が父親ながら、「こういう老人になれたらいいな」って思うんです。何歳になっても、町の役に立てる。役目のある一歯車になれるんです。東京では定年すると、遊べる場所はあっても、歯車になることは難しい。

藻谷　カッコいいですね。70歳でも80歳でも、地方にいて畑と友人があるなら、やる気次第でいつでも生き甲斐を見つけられます。

私は今55歳ですけど、東京の老舗《しにせ》の大企業では、50歳になる前にほぼ半分が昇進の道を絶たれます。昇進した人も55歳になる前には退職させられてしまう。役員になった少数も、60歳あたりでおしまいです。それまで昇進だけを目指せと言われ続け、いきなりサヨナラされるこんなシステムにコミットするのは、いわば、人間の無駄遣いではないでしょうか。50歳になる前なんて、地方に行ったらまだ若手も若手ですよ。

寺本　僕、今、48歳ですけど……想像がつきませんね。

藻谷

　そんな東京で、今荒稼ぎしている産業に、自費出版があります。団塊世代前後の元サラリーマンの間で、退職金をつぎ込んで自著を出版するのが流行っているのです。

　ただでさえ本は売れない時代なので、ある程度の年齢より下なら、ブロガーとかインスタグラマーとか、頑張ればユーチューバーで売ることを考えるでしょう。ですが、誰に読まれなくともいいので、自分の名前の書かれた本を出したい一念で、出版社に大金を払う人もいるのです。

　中身はさまざまで、耳を貸すべき提言を書く人もあるし、自分が立ち会った政治経済史の一面を書いて、限られた部数を知り合いにだけ配る人もいます。そういう人は現役時代も立派な人だったので、本当はもっと多くの部数が読まれるべきなのですが。

　ですが多くは、練られてもいない持論と、現役時代の自慢話のミックスで、当然に売れません。意気揚々と出版して、あまりに売れないのに驚いて、ショックのあまり極端に老け込んでしまった人も知っています。

退職後に農家としてガンガンやっている田舎の人に比べて、あまりにエネルギーの使い方が無駄ではないでしょうか。

寺本　田舎の人たちって、50歳あたりをすぎると皆イケメン、美女になってくるんですよ。僕が広島に行って、邑南町のいろいろな人を紹介すると、「邑南町の50代、60代の人って、男も女も、なんで皆さん若々しいのですか？　カッコいいんですか？　何を食べるとああなるんですか？」って訊かれます。

藻谷　確かに皆さん、肌がツヤツヤしていますよね。でも若々しいのは、食べ物というより、自分でものを考えているおかげじゃないかな。60歳、70歳になっても自分で工夫しながら、やり甲斐のある仕事をやっているということが大きいでしょうね。

今年の1月に、高校の同級生で今も山口県に残っている連中の集まりに顔を出したのですが、男女とも今も目がキラキラしているのに驚きました。

女性はもう子どもも大きくなったのに外見が昔のままだし、男性は何があったか田舎に戻って来た連中ばかりで、怪しいくらいギラついています。その1週間後に、今度は大学の仲間の会があったのですが、これはもう恐ろしいほど中高年オヤジの会になってしまっていました。サラリーマン人生がすでに一段落した連中ばかりで、話題にハリがないのです。

今もなお、「東京に行って、いい大学出て、いい企業に入ったら、いい人生」と我が子に言っている親というのは、「いい企業」に入った人の老後というものに、恐ろしいほど関心がないのです。本当は優秀で可能性に満ちていたかもしれないのに、企業から強制終了をかけられてしまい、死んだような老後を送ってしまう。田舎で農業をしている人のほうがよほど元気で、人間らしいではないですか。

6回表でゲームオーバーにならないために

寺本

「人生100年時代」と広告メディアがさかんに言い出しましたが、藻谷さんが言うように、企業では50歳で輝けなくなってしまう人がたくさんいます。そうやって、サラリーマンを終えていくのに、あと残りの人生が50年もある。野球でいうと、6回くらいで人生が終わっちゃう感じじゃないですか。

藻谷　田中角栄の頃までは、男は60代で寿命が来ていたので、そういうことを考える必要もなかったのです。その頃に作られたシステムがまだそのまま動いているものですから、90歳まで生きる現代人がその中にそのまま入ってしまうと、どこかで不幸になってしまいます。その前に抜け出して、自分の人生を最後まで全うする意欲を持たなくてはなりません。

寺本　意欲の問題も大きいですよね。最終的に意欲を持てるのは、東京よりも地方なんですかね？

藻谷　農業とか福祉ボランティアとか、やる気があるのであれば、死ぬまで現場でやれることはいっぱいあるんです。

もしもこの本を読んでいるのが寺本さんと同じ世代ならば、まだ間に合います。都会で、「俺はロスジェネだから」[註6]と愚痴りながら生きているすべての人に、「ロスジェネで都会にいるのは損だぜ！」と言いたいですね。早く気がついた人から、自分の時間と空間を自分の元に取り戻して、残りの人生をちょっとでも豊かにしましょう。

寺本

確かに50歳すぎて、東京で「どうせ俺たちロスジェネだからさ」と燻《くすぶ》っているのは、かなりカッコ悪いよな……。

註6　**ロスジェネ**

ロストジェネレーション、つまり失われた世代のこと。バブル崩壊後から約10年間の就職氷河期に就職活動をした１９７０年～１９８２年頃に生まれた世代を指す。バブル崩壊を目の当たりにしたロスジェネ世代の人たちは、将来を悲観的に捉える傾向があるといわれ、結婚には消極的で、貯金には積極的だとも。就職の厳しさを知っているため、仕事に対する姿勢は真面目で一生懸命、手に職をつける努力を怠らないなどの傾向もあるという。

藻谷　その通りで、都会で燻るほうがカッコ悪いですよね。「東京は地方よりはマシ」だとか、「日本はアジアよりはマシ」だとか、中身のない優越感を支えに生きていくのはやめたほうがいいのです。

今回のコロナ禍でわかったのは、日本の対応がアジア主要国の中では特に遅くて徹底していないということでした。中国に近い分、緊張感のある台湾とか韓国のほうが、日本よりちゃんとしていた。日本はぬるかった。そのことについてしかし、国会議員ですら理解できていない。

しかし邑南町は、日本の台湾だったのです。緊張感とスピードをもって当たったから、広島にこんなに近くても感染者が出ていない。東京はアジアに比べて優秀じゃなかったし、地方に比べても優秀じゃなかった。まあ、北米に比べれば桁違いに優秀ですけど。

くどいようですが、東京にいる人は平安時代の公家のように、どこかで「マロは偉いのよ」と思っているのです。しかしクリエイティブな人、やる気がある人、前向きな人ほど、東京にいなくても食べていける時代です。

人に汗をかかせて食べる貴族はやめて、自分の力で暮らしましょう。
そうはいっても、年をとるほど慣れたコミュニティを飛び出して知らないところへ行くのはきついものです。50歳前の寺本さん世代ならばまだ間に合うということです。

とりあえず、ちょっと田舎に住んでみる

寺本　邑南町は、来てくれた人はちゃんと迎えます。

藻谷　邑南町の何が面白いって、来た人を迎えるけど、引き止めもしないところです。この「来る者は拒まず、去る者は追わず」は東京と同じ。だから、ちょっと住んでみて、合わなければ別の田舎に行けばいいのです。
寺本さんも、〈田舎暮らしの学校〉を作って、本当に田舎を必要としている人だけに住んでもらって、そうでない人には「それぞれ自分の暮らせる場所を探してください」と背中を押せばいい。「田舎暮らしの基本はち

ょっと教えてあげるから、別にここに住まなくてもいいからね」という学校があるといい。邑南町に限らず、ちゃんと探せば自分が何かしらの形で貢献できる町には出合えるはずなんです。

寺本 それは面白いかもしれないですね。

藻谷 いきなり移住してきて、それから教えるとなるとリスクが高いからね。1ヵ月くらい住み込みで修行をしてもらうんです。その後、移住にまでは至らなかったとしても、邑南町の産品を買い続けるリピーターにはなるかもしれない。その学校は、「何でもいいので何か一芸を示さないと入れない」ということにしてもいいですね。人間は「誰でも入れますよ」と言われるより、「選ばれた人しか入れてあげません」と言われたほうが、行きたくなるものですから。

寺本 「今しか、ここでしか食べられないよ！」と謳《うた》っている〈A級グルメ〉

の考え方にも通じますね。

藻谷　田舎に行けば努力しなくても食べていけるという、依存心だけ強い人には注意する必要があります。人を頼りにするのはいいのですが、お互い様ということがわかっていないといけません。都会にいるとそのあたりの間合いがわからなくなるので、ぜひ学校で教えてあげてください。

寺本　邑南町では、年3回、藻谷さんの勉強会である〈藻谷塾〉をやっています。まずはそこから来て欲しいですね。移住を決めなくても、〈藻谷塾〉で、同じ意識を持った仲間はできるはずです。

若いうちは、東京に一度行ってもいいと思いますよ。いろいろやればいいと思うんです。僕も大学で東京に行ったときには、『東京ラブストーリー』[註7]の織田裕二の世界みたいな暮らしができるんだと思っていました。高層マンションに住んで、鈴木保奈美みたいな人と結婚できて……と。

でも、結果的にできなくてよかったんです、実際に僕が結婚した人は、同じ役場で机を並べていた人で、名前も赤名リカではなくて、偶然、僕と同じ苗字の「寺本さん」でした。もし僕が、東京でタワマンに住んでサラリーマンをやって、50歳を迎えたら、居場所がなくなっていたでしょうね。息苦しくて。

藻谷　高いところに暮らすのは、いくつもの意味で危険なんです。昔、私が勤めていた会社も階段では昇れない高層ビルに移転して、最初は皆ブッブツ言っていました。それが、街を見下ろすのが気持ちよくなっちゃって、偉くなった気になっていきました。でも「これはおかしいぞ」って私はずっと思っていた。いざとなったら避難がしにくいし、運動不足になる。しかもエレベーターに閉じ込められる確率も高いのに、と。

高層階に住む人だけではないですが、自分の人生の全体像を見ることのできない人が多すぎます。若いうちはそれでもいいんだけど、30～40代になれば、シンデレラにはなれないとわかるし、シンデレラなんて羨《うらや》ましくなくなります。「王子様と結婚して一生幸せに暮らしました」なんて言っても、当時の平均寿命は30代ですから。日本人の目指す幸せは、そのずっと先にあるべきです。

「ワンチャンスしかないから、一度抱きついたら死ぬまで離さない」みたいなのはナンセンス。一度東京に出てきて、合わなかったら出て行けばいいし、それは田舎も同じ。試してみて合わなければ動けばいい。セカンドチャンス、サードチャンス、テイクアチャンスでやればいい。そうやって、東京と田舎を往復しながら、生きていけばいいではないですか。狭い日本を、広く使いましょうよ。

寺本　だから僕、今回のコロナ禍は、いいチャンスだなって思っているんです

註7　『**東京ラブストーリー**』
1991年にフジテレビの「月9」枠で放送されたドラマ。柴門ふみの漫画が原作。まっすぐに感情をぶつける女性赤名リカを鈴木保奈美が演じ、リカが恋する「カンチ」を織田裕二が演じた。東京に生きる若者たちの恋愛を描いて、大人気を博す。受け身のヒロイン像が多かった時代に「カンチ、セックスしよ！」というリカの台詞に視聴者は度肝を抜かれた。

よ。本当の意味で地方と都市が繋がることができる、いい転換期なんじゃないかなって。

藻谷　「こじらせ女子」「こじらせ男子」や、「オタク女子」「オタク男子」から脱却するポイントは自信ですからね。褒めてくれるのを素直に受け止めて、「自分は結構できているんじゃないか」っていう自信がつけば、少し周りの目が変わってくるはずです。田舎に必要なのはまさにそこです。今回優れた対応をしていることを、ぜひ自信にして欲しい。

寺本　それが、ビレッジプライドですね。自分は「邑南町に生まれてよかった、住んでいてよかったね」っていう誇りは出てきていると思います。

藻谷　まさに。ビレッジプライドです。喩えて言えば、なんでもできて仕事も熱心で、だけど自分は不美人だと思い込んでいる女子に、「いや、君はとっても魅力的で君のことを好きな男はたくさんいるよ」と気づいて欲しい。

美人不美人なんて、自分が決めることではなく他人が決めること。男から声がかかったら少しは相手をしてくださいよって。……そういうことを邑南町民はやってくれますかね？

寺本　今までは、「こんな野菜なんて、つまらないもの……」と思っていたものが、東京の人にとっては価値のあるものだった！　と気づいている人はたくさんいます。

藻谷　日本の今の状況下で、都会からの客も海外からの客も消えて田舎は死んでしまうのかと思ったけど、社会の強さ、社会のリジリエンス[註8]の高さが証明できました。

このことをきちんと学び直して、アピールできる人ほど、自信を持って

註8　**リジリエンス**
外からの衝撃に壊れることなく、うまく適応できる回復力のこと。もともとは物理の世界で、「反発性」「弾力性」を意味する言葉。

よその客も満足させられる。邑南町はそこへ向かって、もう一皮むけて欲しいですね。「中にいる人間だけが楽しんでいます」という考え方もいいんだけど、そうすると残念ながら、人口減少に耐えられなくなってくる。一定の人が出て行って帰って来ないというのを繰り返してしまいます。

だからやっぱり、よそから人をずっと受け入れていかなくてはいけないし、さらに一歩踏み出せるかどうか……これは、コロナ禍が収束してから1年くらい経ってからでないと見えないと思いますが、これからさらに、邑南町をはじめとする地方がどう変わるか、期待して見ていくことにします。

2020年5月2日　Zoomにて収録
その後の情勢変化に合わせ一部情報を追加修正

寺本英仁と、60歳から牛を飼い、新たな生き甲斐を得た父・武光さん（昭和24年生まれ）。

エピローグ

藻谷浩介

「コロナで日本が変わる」というが、本当だろうか。そうではないだろう。新型コロナウイルスが改めて教えてくれるのは、日本がどうにもこうにも「変わろうとしない社会」であるということだ。

「日本が変わる」と他人ごとのように言っていないで、この機会に「自分を変える」というところに踏み出さないと、結局何も変わらないし、変えられない。日本が変わるのを待っているのではなく、先に「自分を変える」人が、日本人の中に1％だけでも出てくれれば、その1％が、変われない日本を変えていく。

＊＊＊

筆者は講演著述を生業《なりわい》としている。コロナ禍でオンサイトでの講演がほぼ蒸発した2020年3~8月には、おかげさまでオンラインでの講演がぽつぽつ増えた。

そんな中、ある町の青年会議所から、オンラインで行う公開例会の講師のご用命をいただいた。事務局の負担が大きくなるのにもかかわらず、敢えてオンラインを使って一般参加も募るというのは素晴らしい。しかし同じ依頼メールには、当方で印刷して手書きで記入して捺印し、返送しなければならない書類があれこれくっついていた。若手経済人が主催するデジタルでの講演会であっても、裏にアナログの作業がくっついているというところに、変われない日本社会の姿が見えた。

もう一つ例を出す。オンラインでの講演や面談には、Zoomをはじめとして、米国西海岸の企業製のさまざまなソフトを使うのだが、1回だけ国産のソフトを指定されたことがある。いろいろ痒《かゆ》いところに手が届く工夫もされていたが、いわゆる「機能」が多すぎて逆に使いにくい。しかも作動させてみると動きが重く、さまざまな動作不良が起きて、結局Zoomに切り替えた。聞いてみるとこの国産ソフトは、5年前に開発されたものだという。そうであれば一時は時代の最先端を行っていたのではないか。にもかかわらず、コロナ過で日本でも会議や講演関連のオンライン市場が一気に拡大している中、今年の9月末で供用を終えるそうだ。「誰でも簡単にマニュアルなしで使える」とか、「機能は簡素だがシステム自体が軽い」という、ユーザーニーズのポイントを押さえられず、逆の方向に進化してしまった結果なのではないだろうか。「変えるべきところがわかっているのに変わらない、変えられない、変える気がない」という、日本企業や日本社会の病気が、ここにも表れていると感じた。

日本は変わらない。日本人は変わろうとしない。

たとえばこの機会に、「人が密集して話す喫煙所に行くのはやめよう」「肺を傷める習慣はやめよう」と禁煙に踏み切った方は、日本人の喫煙者の何%だろうか。1~2%もいないのではないか。春に試行したリモートワークを夏以降にそそくさと減らし、「会議だョ！　全員集合」に戻った会社が、ほとんどなのではないか。マスコミの取材の申し込みに、「この際なのでZｏｏｍにしませんか、録音もできますし」と持ち掛けたら、「実はまだ使ったことがないんです」と打ち明けられたことも、この半年間に二度三度ではない。

……と、そんなことをあちこちでこぼしていたら、こう質問された。「コロナでも日本社会はなかなか変わらないというのはわかりましたが、逆に明確に変化すると思われる事象はありますか?」当方は答える。「何かが変わったから、自分も変わるなんてことはありません。ですがもし、あなたが自分を変えれば、それはあなたにとっては明確な変化です」

変化は、起きるものではなく起こすものだ。世の人の1％でもいいので、移住なり、転職なり、起業なり、企業の経営改革なり、禁煙なり、独立なり行動に移せば、その1％の人にとってはコロナをきっかけに明確な変化があったということになる。変化は産み出すもので、与えられるものではないのだ。そしてその1％が、やがて社会の変化をリードしていくことになる。

＊＊＊

筆者はよく問われる。「コロナ禍をきっかけに若者の地方移住や、ビジネスの地方移転は進みませんかね」と。そうなって欲しいのはやまやまだが、気をつけなくてはならない。これらはコロナ禍がなくても、とっくに進んでいるべきものなのだ。東日本大震災のときにも、まったく同じことが言われた。東京という甚大な天災リスクを抱えた大都会に日本の機能と人口を集中させることがいかに馬鹿げているか、あのときに改めて骨身に沁《し》みたはずなのだ。

しかし震災後に起きたのは皮肉にも、バブル期を上回る、高度成長期以来の勢いでの若者の東京流入だった。東京から地方に移住する若者の流れも確実に太くなったのだが、地方から上京する若者がそれ以上に急増したのである。地方在住者は、震災当時の放射能騒ぎも計画停電も経験しなかったゆえに、「東京に行かなくてはだめだ」という旧態依然の〝イメージ〟に支配され続けている。少子化で人手不足、学生不足の甚だしい首都圏の企業や大学が、ここぞとばかりにそのイメージを梃子《てこ》にして若者を呼び込んだのだ。

つまり東京集中の犯人は、対談の中で何度も触れてきた〝共同主観〟なのである。「東京でなくてはいい仕事はない」、「田舎には何もない」、「田舎の人になって自分の可能性を閉ざしてはいけない」、「世界に通用するには東京でいい教育を受けなくてはいけない」などなど。人々の頭の中に巣食う共有された思い込みが、いかに思考と行動を支配するか、これほどわかりやすい例も少ない。

それにしても、共同主観の命ずるままに上京し、2020年の4月から東京で新生活をスタートさせようとしていた大学1年生や新入社員にとって、自宅待機を余儀なくされた日々ほど、間の抜けた時間はなかっただろう。彼らはその間に何を思ったのだろうか。パソコン画面経由で授業や仕事が済むなら、何も満員電車に乗る必要はない。リモートでは済まない部分があるにしても、毎日家を出てから帰宅するまで、〝三密〟にさらされ続けなければならない東京での生活は、人生において避けられないことなのだろうか。これを我慢しなければ人生において〝損〟をするのだろうか。狭い家に住んで、高い家賃を払い、満員電車で通勤しなければならないこと自体が〝損〟ではないのか。そう気づいた1％が、共同主観の支配を払いのけて東京を脱出できるか、そこに彼らと日本の将来がかかっている。

そもそも東京などに来なくても、世界に通じる人間にはなれる。現在米国の大リーグで活躍している代表的な日本人を3名挙げるなら、ダルビッシュ有、田中将大、大谷翔平ということになるが、彼らはいずれも東京に住んだことがない。世界でもほぼ前例のない二刀流に挑んでいる大谷の場合、岩手県奥州市で育ち、花巻市で高校に行き、札幌市でプロ選手になった。そのキャリアの中でもし、いわゆる都会の名門高校、名門大学、伝統球団と言われるようなところを経由していたなら、投手か打者かいずれかに専念するように、必ずや伝統的な指導をされていただろう。地方で育ったからこそ型にはめられず、世界に飛翔することができたのである。「巨人でなくてはプロ球団ではない」というような時代が、仮にあったとしても何十年も前の話だ。実はもはやビジネスの世界も同じで、東京の大企業を経由することは必要でも不可欠でもない。

と言いながらすでに東京に進学し就職してしまった人たちよ。あるいは生まれつき東京しか知らない人たちよ。いつでも思い立ったときがそのときだ。試しに東京を脱出して、共同主観を満足させる代わりに、時間と空間と自己決定権を手に入れてみないか。だめだったらまた東京に戻ってもいいのだ。そうこうしているうちに東京にはまた次の天災が来る。何度も何度も同じことが、繰り返される中で、1%、また1%と、共同主観の奴隷を抜け出す人が増えていくだろう。

未来の日本は、いや過去からすでにそうであったのかもしれないが今後ますます、地方の自然の中で育った若者が、そのまま世界と日本を往復しながら活躍していく時代になるのではないか。東京生まれであっても、人生のどこかのステージで地方生活を経験することが、海外暮らし同様に、マイナスどころか大きな肥やしになる。

東京という袋小路から抜け出せない者たちが、東京の内部だけで通用する評価基準に縛られて窮屈な人生を送っていくのを横目に、自分の故郷と自分の考えをしっかり持って、他人では取って代われない人生、自分だけのかけがえのない人生を目指す若者は、最初は1%かもしれないが、ゆっくりと静かに増えていくことだろう。

＊＊＊

本書の刊行が対談から半年も遅れることになってしまった原因は、筆者によるアップデートと手直しの遅延にある。深くお詫《わ》びせねばならない。その結果、一部の数字をアップデートしなくてはならなくなったが、対談の根幹は、まったく修正する必要がなかった。寺本さんも筆者も、今日や明日ではなく、もっと先の未来を見て話していたからである。

コロナ禍が過ぎ去っても、恐らく数十年先でも、東京脱出の意味は何ら変わらない。いつであってもいい。自分を変えるべきだと気づいた1%の人に、この本がしっかり届くことを、心から願っている。

2020年　秋

著者プロフィール

藻谷浩介（もたに こうすけ）

地域エコノミスト

写真／青木優佳

1964年山口県生まれ。東京大学法学部卒業、米コロンビア大学経営大学院修了。日本政策投資銀行参事役を経て日本総合研究所主席研究員。平成大合併前の約3200市町村のすべて、海外114ヵ国を私費で訪問し、地域特性を多面的に把握する。2000年頃から地域振興や人口問題に関して精力的に研究・執筆・講演を行う。ベストセラーとなった『デフレの正体』『里山資本主義』をはじめ『世界まちかど地政学』など著書多数。広島東洋カープのファン。

寺本英仁（てらもと えいじ）

邑南町役場　商工観光課課長

写真／藤田修平

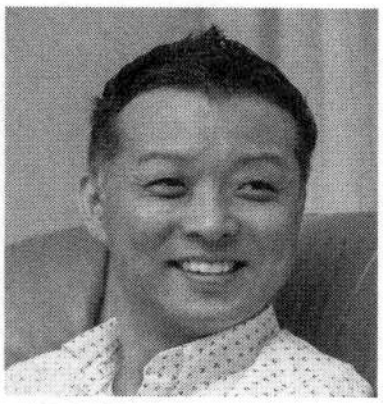

1971年島根県生まれ。東京農業大学卒業後、島根県石見町役場（現邑南町役場）入庁。邑南町が目指す「A級グルメ」の仕掛け人として、道の駅、イタリアンレストラン、食の学校、耕すシェフ の研修制度等を手掛ける。NHK「プロフェショナル仕事の流儀』でスーパー公務員として紹介される。現在、にっぽんA級（永久）グルメのまち連合アドバイザーに就任。2018年11月に初の著書『ビレッジプライド』を出版。趣味はスクーバダイビング、水中写真。

東京脱出論

2020年11月30日　初版第一刷発行
2021年 2 月12日　初版第二刷発行

著者　藻谷浩介　寺本英仁

カバーデザイン　小口翔平 + 三沢綾 + 喜來詩織（tobufune）
本文デザイン　谷敦
編集　小宮亜里　黒澤麻子
校正　櫻井健司
営業　石川達也
協力　五反田正宏
川久保陽子　岡田圭介

発行者　田中幹男
発行所　株式会社ブックマン社
〒101-0065　千代田区西神田3-3-5
TEL 03-3237-7777　FAX 03-5226-9599
http://bookman.co.jp

ISBN 978-4-89308-936-6
印刷・製本：図書印刷株式会社